快速城镇化进程中的社区工作和建设研究

丁阿芳 著

中国纺织出版社

图书在版编目（CIP）数据

快速城镇化进程中的社区工作和建设研究 / 丁阿芳著. -- 北京 : 中国纺织出版社, 2019.4
ISBN 978-7-5180-4134-3

Ⅰ. ①快… Ⅱ. ①丁… Ⅲ. ①社区建设—研究—中国
Ⅳ. ① D669.3

中国版本图书馆 CIP 数据核字 (2017) 第 241471 号

责任编辑：郭　婷　　　　责任印制：储志伟

中国纺织出版社出版发行
地　　址：北京市朝阳区百子湾东里 A407 号楼　　邮政编码：100124
销售电话：010-67004422　　传　　真：010-87155801
http：//www.c-textilep.com
E-mail：faxing@c-textilep.com
中国纺织出版社天猫旗舰店
官方微博 http：//weibo.com/2119887771
北京虎彩文化传播有限公司　　各地新华书店经销
2019 年 4 月第 1 版第 1 次印刷
开　　本：787mm×1092mm　1/16　　印　　张：11
字　　数：183 千字　定　　价：71.00 元

前 言

随着我国政治、经济和文化的不断发展，城镇化进程越来越快，对社区工作和建设的要求也越来越高。在这一过程中社区发展取得了显著的成效，但依然面临着一些问题，如快速城镇化进程中的社区缺失现象。社区性的缺失主要体现在住居方面，经常会有“邻居之间相互不认识”之类的现象，尤其是现在的居住小区成为主要的居住聚集地，但小区所围合的区域中很少有人们的交往活动，可以说在居住建筑中缺失了社区性。在社会学中对社区的定义不尽相同，但其特征为有一定的地理区域，有一定数量的人口，居民之间有共同的意识和利益，并有着较密切的社会交往。也就是说社区的形成并不能强制性地使一个地区的人形成社区，而是当满足一定的条件而自然形成了社区。

本书主要以“贵安新区”为研究视角，由于这一地区为典型的城镇化发展地区，比较符合城镇化发展内涵，所以把“城镇化”作为重要研究背景，城镇化包括传统城镇化和新型城镇化两种类型（两者区别正文当中会有所体现）。全书内容围绕“提出问题——探讨问题——解决问题”的思路展开，把“社区工作”、“社区建设”作为研究主题，希望从社区和社区缺失等相关概念出发，以城镇化为背景，找出社区存在的问题和表现，进而提出社区工作和社区建设的相关对策。本书重点对城镇化进程中社区存在的问题展开分析，着重分析城镇化进程中社区缺失的表现，从而提出了具有针对性的解决策略，使我们能够更加深入地了解社区工作和建设的基本内容。全书理论与实践相结合，通过概念、举例、找出原因等步骤，分析了社区缺失现象，给出了社区工作的具体方法，同时对社区建设做出分析，并给出改善措施，全方位地为社区发展打下坚实基础。

目 录

第一章 社区缺失

第一节 基本概念及相关导论

一、 失地农民

由于在城镇化、工业化的发展过程中，国家要将部分农用土地转变为建设用地，需要向农民依法征收土地，这时就会使部分农民部分或全部失去土地，成为失地的农民。从法律角度看，农民因为失去土地从而失去土地上附带的一系列的权利，包括财产权、生活保障权、就业权等一系列的社会权益。

当一个国家的生产力水平有了提高，城市中有大量工作机会的时候，农民会自愿离开土地从事其他产业的工作。虽然自改革开放以来我国的经济实力有了很大的提高，但生产力的发展水平还没有达到农民自动离开土地的程度，所以我国的失地农民都是伴随着城镇化的发生而产生，从主观上讲，这是一种被动退出。

失地分完全意义上的失地和相对意义上的失地两种。完全意义上的失地，是指完全失去土地，不再拥有耕地的环境和条件，也就是不再有真正意义上农民所从事的耕种劳作，耕地、自留地和宅基地都被征用。这种情况多发生在城乡接合部，由于整个村庄都要划分到城市内，所以村中的村民由农业户口变成了城镇户口，并统一由城市管理，其生存生活方式与城镇居民也已无区别。而相对意义上的失地是指整个村庄并没改变其农村的性质，只是由于公益性或非公益性的开发，将个别的建设项目在农村实施，只涉及部分农民改变生存生活的方式，从形式上来看，他们依然是农村人。

二、 城镇化

每一个发达国家的发展进程无不与这个国家的城镇化发展息息相关，工业及第三产业的大发展才能带来经济的发展。而要想进入现代化工业国家必然会出现城镇化，这是社会发展的趋势，也是人类进步的表现。城镇化指的是将农业耕地合理科学并集约地变为建设用地，使农业人口逐步变为城镇人口的一个过程。城镇是城镇化的载体，城镇的数量和规模决定着城镇人口的容量，也决定了城镇化水平的高低。我国的城镇分为城市和小城镇两种类型，城市是指经中华人民共和国民政部批准的建制城市。按城市的人口规模可分为：超大城市、特大城市、大城市、中等城市和小城市，而小城镇是指经国家批准设立的建制镇镇政府所在地：我国城镇化进程也就存在两个载体：一是大小各类城市，二是广泛分布于农村地域的小城镇。利用小城镇为载体，实现城镇化。我国特有的城乡二元经济体制将农民和市民分割开，限制农村人口进入城市，但城镇化却要在这样的制度下推进。

一方面，现有的大、中、小城市在户籍、就业、土地、社会保障等方面阻碍着农村人口进城；另一方面，农村经济发展客观上存在着对城镇化的迫切要求，这样，农村地域内的广大小城镇就成了农村人口实现城镇化的主要选择。乡村城镇化是中国农民创造出的一条具有中国特色的城镇化道路，也是符合中国国情特点的城镇化进程。

城镇化是推进农村社会发展成为现代化城镇的一个过程，这是一个长期逐渐发展的过程，它改变了农村社会的各种生产生活方式，以及农民的行为思维方式。这一过程包含以下要素：城镇人口逐渐增多，城镇数量明显增加；农村人的行为方式以及生存状态逐步呈现城市人的特点；工业、服务业更加高效集中地发展，经济水平提高；全社会无论物质发展还是精神发展都有所改变。由此可见，城镇化的推进不仅仅是人口在空间上的简单转移，而且是与一个地区的经济生产、文化理念有着密不可分的动态发展的过程。城镇化的出现主要伴随如下几方面的表现：①只有工业化发展到一定阶段后才会随之出现城镇化的发展，这主要源于工业大发展后经济快速增长，城市规模变大，呈现出不断向外扩张的局面。②人口结构分化，城镇人口逐渐增多，城市数量增多，从事非农业生产的人越来越多。③国家的经济结构也发生变化，更加多元化，其中第二、第三产业的比重增大，尤其是第三产业的发展会更加多样化，内容丰富化。④农业发展也会朝着集约化、现代化和商品化的方式转变。⑤二元结构逐渐消失，带来城乡一体化的进步，文明程度提高，人们的整体素质也逐渐提高。

三、失地农民的权益

农民作为国家的公民，享受着利益主体的相关权利，通过法律法规保证其公平的利益和受到侵犯时维权的诉求。农民的权利主要有经济、政治、社会等方面，如：财产权，市场主体权，选举和被选举权，就业权，社会保障权等。然而，这些权利都会因征地产生变化，甚至是失去。由于征地农民的住所、庄稼以及依附在土地上的所有权利都随之改变，其衣、食、住这些基本生活保障受到影响，同时以耕种劳作的工作方式也发生变化，所以征地意味着首先打破了农民稳定的生活保障和就业等。

四、失地农民的社会保障

美国心理学家马斯洛认为，人的各种行为都是由一定的动机引起的，而动机产生于人们本身存在的需要。人的需要可以分为五个层次：①生理需要。人们为了生存，应首先满足衣、食、住、行等基本的需求，这是基础需要，这些满足不了就没有其他需要的存在。②安全需要。就是对人身、职业、经济等方面都能够有所保障，还有就是对未来生活能够无忧，即生老病残后的生活保障等。③社交需要。人是社会群居动物，人们都希望被接纳、注意、关爱和同情，使得自己归属于某一个群体，而不愿被孤立。④尊重需要。这是一种心理需求，不仅有自尊而且也有受到别人尊重的意愿。这两种尊重需求是联系在一起的。⑤自我实现的需要。这是高层次的需要，希望自己在工作事业上有所成就，实现自己的理想，同时也是受人尊重的高层次表现。

对生活在农村的农民来讲，同样也有以上需求，只是各层次需求所占比例不同而已。土地既是维系农民的基本生存、满足其生理需求层次的基础，也是农民追求其他层次的前提。依照马斯洛需求层次理论的分析，失地农民在失去土地以后所需要最基本和更高层次的需求都受到损失，所以解决这一困境刻不容缓。

社会保障制度是由政府通过立法并进行统一管理，把国民收入进行再分配，通过福利、保险、救助和安置等不同方式提供给公民的物质帮助。而失地农民应该拥有的社会保障，既不同于我国城市居民的社会保障，也不同于现行有耕地的农民的社会保障。原因是：城市居民享有就业、养老等保障，一般农民享有土地保障，失地农民所有的只是征地后的安置补偿相关保障。由于我国城乡二元结构的特点，土地成了农民及其后代生存和发展的终生保障，土地不仅仅是农民的生产资料和基本生活的保障，更是农民的职业和就业的机会，同时也有直接收益功能，可将土地转租得到租金。由于土地有继承功能，所以农民的后代也相应地有土地继承权，这也就是为什么历来土地是农民的命根子，而农民所享有的家庭保障在很大程度上仍来自土地的保障，其家庭成员的生存和发展依赖于土地。对于失地农民来讲，当完全失去土地以后，无论是生活、就业、养老还是医疗等社会保障都要依靠土地补偿安置费了。

五、 社会保障的功能

最低生活保障。土地是产生一切财富的源头，它不仅是人类生存的保障，也是不断发展的基石。对于农民来讲，土地更是其生活、工作、养老的基本要素和发展要素，农民无须过多的劳动技术就能通过自己的劳作，投入少量的生产资料而获得维持基本生活的所有产品。同时，土地上稳定的粮食产出既可以满足口粮，也可以卖出余粮作为经济来源。且有些经济作物的土地更是农民经济来源的重要途径。即便有些农民种地的态度可能是不负责的，但土地的保障功能和被下一代继承的优势却是不容忽视的。

养老保障。我国长期以来处于城乡二元分割状态，城镇居民享有养老保障等福利，而农民却没有这份保障。来自土地的收入可以成为可靠的收入来源，这是农村众多老人实现家庭养老的重要渠道。在年老之前从土地收益中积蓄部分以备养老用，在年老时，若身体条件允许，则还可以自行耕种获得口粮；如果没有了劳动能力，则可以将土地移交给家庭成员，由家庭成员担负其养老责任。还可以将土地租给别人，以土地流转金来维持生活。

就业保障。我国农村人口众多，三分之二的人口为农民，而农民的职业就是耕种，土地承载着吸纳剩余劳动力的作用。城市的就业机会相对有限，农民不可能大规模到城市就业，而大量的农村人口就要滞留农村，靠土地来解决就业问题。对农民来讲，土地是其底线保障，如果就业机会多，可以进城打工挣钱，一旦就业不景气，大批农民工没有工作时，土地还能为其提供最后的岗位，不至于没吃没喝。所以，土地对于农民来讲具有抵御就业风险的功能。现实中很多农民即使不耕种土地，不对其进行管理，也不想轻易放弃土地。

医疗保障。我国农民最主要最传统的保障形式就是家庭保障。农村经济体制改革后，建立在集体经济基础上的医疗制度逐渐消失，农民看病基本上是自费，家庭保障成为医疗保障的基本组成。虽然不同的农民拥有的土地数量、类型、收益水平不尽相同，其医疗保障的能力也有差异，对于很多农村家庭而言，土地的收成几乎就是整个家庭的全部经济来源，一旦生病这就是保命钱，也是医疗保障的基础，其重要的医疗保障功能不言而喻。

六、 城市化、城镇化、新型城镇化

当前，不管是在学术理论研究中，还是在政府、企业以及其他社会组织、经济体的实践过程当中，“城市化”和“城镇化”这两个词语因为使用者的偏好以及表达意图一直没有统一且使用混乱，导致区分不明显。其实，从城市的定义出发我们可以发现，城市也可以叫作城市聚落，主要是指以非农业产业和非农业人口集聚形成的、人口集中、工商业发达的地区。与此同时，城市通常是一个特定区域内的政治、经济、文化、生活中心，具有相对的永久性和高度组织化的特点，一些国际大都市如纽约、伦敦、上海，再比如国内一些知名地方城市青岛、苏州、宁波等，根据国家行政建制一般会设立下属县级市、镇等，因此，建制镇便可以纳入广义的城市范畴当中，这样，城市和城镇便可以在一般意义上达成统一。

“城市化”和“城镇化”的英文都为“Urbanization”，在很长一段时间以及在很多的场合，它们也被视作同义语。在国外，“城市化”主要说明的是乡村或者农村向城市转化的整个过程，因为在世界上很多国家当中，镇的规模很小，甚至没有镇一级的建制，因此多将社会生产力发展到一定程度以后，人口从乡村向城市转移和集中、农村的生产生活方式向城市转变的过程称之为“城市化”。但是，“Urbanization”一词本身包含城市（city）和镇（town）两方面的意思，尤其是在中国，许多镇的规模大小以及经济文化等发展程度与不少国外的小城市不相上下，农村人口向城市聚集的同时，也有许多逐步向镇转移。因此，根据我国的实际情况和面临的问题，应进一步发挥小城镇的特殊作用，党的十六大正式确定“城镇化”作为我国的一个重大发展战略。

综上所述，对于“城镇化”的定义，我们可以这样理解：它是随着工业化的发展，第二、第三产业不断向城镇聚集，从而导致农村人口不断向非农产业和城镇转移、农村地域向城镇地域转化、城镇规模不断扩大、城镇数量不断增加，同时，城镇的生活方式和文化、文明不断向农村传播和扩散的历史过程。

因此，“城镇化”是现代社会经济发展的必然现象和动力源泉，更是现代社会文明程度的集中体现。随着中国城镇化进程的不断加速，国家城镇化率的快速上升，传统城镇化片面追求城市规模扩大、空间扩张的道路无法根本解决城镇化过程中面临的许多问题，尤其是农村社区居民的文化认同、农村社区传统民俗文化传承等问题。因此，为了管理好下一波城镇化进程，解决城镇化过程中凸显的诸多问题，需要对传统城镇化道路做出优化和调整，“新型城镇化”道路就此问世。

七、农村社区文化建设和管理

我们可以这样理解农村社区文化建设与管理：它是以政府为主导，农村社区居民、村（居）民委员会、非营利组织等主体共同参与的，以公共财政为主要支持并伴有其他社会资本资助的，以满足农村社区居民日益增长的精神文化需求而提供的公共文化服务，发展的公共文化事业和文化产业，对农村社区中的社区公益文化、社区民俗文化、社区文艺体育文化、社区教育文化等进行建设和管理的所有活动的总和。

八、公共性

“公共性”的概念非常复杂，在不同的话语体系当中，由于不同话语结构的内在理论目标差异，人们对于公共性的理解存在差异。阿伦特认为，公共性是公共空间的体现，公共性包含三层含义：公共生活的关联性，公共空间的在场性以及公共空间的永恒性。罗尔斯认为，公共性是对公平和正义的“重叠共识”，这种解释来自于罗尔斯的《正义论》和《作为公平的正义》中。约翰·基恩在《公共生活与晚期资本主义》一书中，批判了韦伯的“官僚主义机构”对这种“独立自主的公共生活”的压制。在康德的思想中，公共性是公共权利的本质，是社会正义的前提。公共性是一个三维的概念，这种解释来自本恩和高斯的公共性与私人性的“复杂结构理念”。

公共性包括行为者、利益和可进入性三个维度，其中可进入性是用来区分公共性与私人性的开放程度，它包括参加公共活动、进入公共空间、获得信息与资源等。因此，公共性是非私人性，是一种共享性而非排他性，是一种共同性而非差异性，是一种公益性而非独享性。公共生活主体不是纯粹的私人主体，还有公共主体；运作的权力（利）不是纯粹的私人权利，还有公共权力；所做的决策不是纯粹的私人自治，还有公共决策；生产的物品不是纯粹的私人物品，还有公共物品；利益的分配不是纯粹个人的，还有公共的。

从历时态和共时态考量，公共性具有完全不同的内涵，各家各派自说自话，使公共性的规定性缺乏普适性。但总体而言，公共性可以从以下三个方面理解。

第一，公共与公共性既有区别又有联系。公共内含着公共性，以公共性为前提；公共性通常存在于公共之中，但并不必然存在于公共之中。这表明，公共仅仅是公共性的一个必要并不是充分的前提。从政治学的角度来看，公共与公共性有四个方面的区别：其一，公共表明政府系统的公有性质，公共性表明政府行政的求真品质；其二，公共是政府自身不能选择的，公共性是政府能够选择的；其三，公共政府的最高的公共性是公共理性，但可能的公共理性不等于现实的公共理性；其四，公共是公共性的基础，公共性是公共的根据。

第二，公共性没有固定的边界，它是一个相对的关系范畴，并在与国家、社会、私域等相对关系中获得其自身规定性。在阶级社会之前，公共问题还只是民族全体成员的共同问题，公共性与公共原初的含义保持一致，但是随着国家的产生，在阶级社会里，以公共权力为后盾的国家或政府成为“公共性”即公众意志的代言人，观其本质却是少数人统治多数人的工具，“公共性”与“公共”的最初含义相去甚远。公共性可以在市民社会中出现，也可以在市民社会中湮灭；公共性可以是复数的、多层面的、立体层面的，如沈湘平教授将公共性划分为四个典型的层面：民族—国家内部的公共性层面、民族—国家之间的公共性层面、跨越国家界限的个体之间的公共性层面、人类与自然之间的公共性层面。这充分表明，公共性是一个多层次性、相对性的复杂概念。

第三，公共性在不同的时空有着迥异的内涵。正如阿伦特所言，在各个历史时期公共是不同的，中世纪大教堂是公共空间，之后是市镇，在其中他们讨论的事务也许不是神的问题。从公共性历史类型的演化来看，它先后经历了古代雅典的城邦国家、城市共和国、资产阶级市民社会以及现代公民社会四种典型的历史形态和发展阶段。在古希腊，亚里士多德“人是天生的政治动物”的经典命题，建立了公共政治生活与人的本性之间的内在联系，揭示了城邦的本性；古罗马的共和国时期沿袭了古希腊的精神，并展现了高贵的公共的德行；随着古希腊城邦解体、罗马帝国的建立，公共生活的重要性逐步黯然失色。进入封建等级制度和神权思想控制之下的欧洲中世纪时期，政治由世俗政治走向神权政治，公共性的认识在皇权、教权的联合挤压下逐步迷失。文艺复兴时期，激进的启蒙思想家提出了自然法、社会契约论、分权制衡、三权分立等理论，这些理论蕴含了公共性的色彩，因而熠熠闪光。到了现代市民社会，对公共性的讨论则更多涉及民主、交往行为这些新的内容。

第四，公共性具有现代性的特点。公共性就是现代性，甚至就是现代性的基础或强势部分。

换言之，在阶级社会里，国家或政府成为“公共性”的代言人，使“公共性”与最初“公共”的含义相差甚远。然而国家的存在对实现“公共性”却是十分必要的。王乐夫教授指出，公共性与社会性历经了混沌统一到分离对立，再到新的社会领域内的统一，也就是说公共性是在与社会性及其相互关系具体的和历史的辩证演进过程中得以体现的。而在具体实践中，公共管理以社会为参考坐标，表现为公共部门的活动越是接近社会，其公共性越明显；越远离社会，其公共性越弱。由上可见，王乐夫教授是在公共管理的视角中审视公共性与社会性。他的贡献在于：一方面指出“公共性”的抽象性，如公共性在阶级社会中不可避免地背离“公共”原初的内涵，另一方面是他预见了公共性和社会性的高度融合。

综上所述，公共性是一个历史的产物，它是近代社会的产物，伴随着公共领域和市民社会的产生而出现。公共性蕴含在公共之中，存在于主体间的交互关系之中。公共性强调公有而非私有，共享而非排他性，共同性而非差异性。从哲学的角度而言，公共性是一种形态或属性，体现为一种价值追求。公共性是政治、行政、公共管理的本质属性，也是社会、公共事务、公共生活和公共领域的本质属性，它不仅体现为一种价值，也是一种实体性的存在。由公共性可引申出系列的概念，如公共财政、公共产品、公共服务、公共利益、公共伦理、公共精神等。

九、 社区公共性

对于社区公共性的定义在学术界尚未有明确的概念，但是通过对“公共性”的概念梳理以及对“社区”这一概念的把握，本书认为可以从以下几个方面来理解社区公共性的含义。首先，社区公共性是一个以社区为研究层次的提法，也就是说公共性是一个内涵和外延都十分丰富的概念，但是社区公共性将其研究层次划定在社区的范围内，讨论的是社区的公共性属性。其次，社区公共性体现为一种社区内居民的“公共精神”和“公共意识”，是社区内居民凝聚力、认同感、责任感的体现。最后，社区公共性将社区内的“公”“私”两域区分开来，是社区内公共事务、公共服务、公共产品的平等、共享的原则。因此本研究所指的社区公共性就是社区内居民共同享有社区公共服务，并共同担负社区服务改善任务的机制的本质属性。

第二节 社区缺失的原因

一、社区参与不足

社区公民参与是一种区域性的社会公众参与，是社区内民主管理的基本形式。它通过社区公民自觉自愿地参加社区各种公共活动和管理事务，使每个社区居民都有机会为谋取社区共同利益而施展和贡献自己的才能，实现社区居民对社区责任的分担和成果的共享。社区公共服务作为社区内的一种普惠性服务，社区内的居民都有权利享用，但是公共服务质量的提升离不开社区居民的参与。社区公共参与不足的具体表现有三点。

（一）参与愿望较强，但实际参与率不高

根据中国青少年研究中心、共青团中央权益部课题组对全国10个大城市的50个社区（40个混合型社区，10个单一型社区）进行调查的结果显示：有91.2%的居民表示愿意参与所在社区的建设活动，有85.8%的居民表示愿意参与所在社区建设发展的有关决策，而实际参与过这种决策的居民只占35.3%。从广州市越秀区党校课题组对越秀区10条街居民参与社区活动情况的调查来看，有50%以上的居民希望参与，而实际参与某项活动的居民多在5%到10%。在社区体育设施的问题上同样得到了体现，社区内的居民对于社区体育设施的损坏大多抱可惜的心态，在谴责损坏设施的人的同时也表达了许多自己的看法、想法，但是实际上却很少有人真正愿意参与社区体育设施管理。

（二）参与方式被动多，主动少

虽然居民的参与愿望较强，但是不少居民的参与观念仍受传统观念的影响，把社区建设视为政府、街道和居委会的事，依赖心理和领受意识强。大量的社会组织与所在社区之间存在疏离状态，缺少主动参与社区事务的责任感。思想观念与实际需要尚有不小差距，参与起来难免被动。在被问到社区体育设施损坏是什么原因导致的时候，大多数居民第一时间想到了街道、体育局等部门，认为出现这些现象的

原因就是政府管理不到位，监管不足，很少有居民会认为这个事情是社区内居民共同的责任，而不仅仅是政府的职责。这也从一定程度上反映了社区居民更愿意采取一种被动的而非主动的方式参与到社区体育设施的管理中来。

（三）社区公共设施管理欠缺

社区的体育设施是“属地管理”的，即由受益单位维护管理。建设单位大都只负责建设，所以当社区体育设施建成以后，一般都会由社区居委会负责联系维修。维修资金的来源可以有多个，所属辖区政府、共同承建单位、经物价局批准后收取的适当服务收费等。

政府、企业、企事业单位、个人都可以成为社区体育设施的建设出资人，那么自然就成为其建设主体，这样看来，社区体育设施的建设主体可以是多样的。不同的主体对于体育设施的建设有不同的方式。通过签订建设合同的方式这些建设主体与社区达成一致意见，并投入建设，但是对于维修的资金以及方式，不同主体也不一样。很多时候，一个社区的体育设施经过多年积累已经由不同的单位提供，这种情况下很难确定维修的责任归属。“有人建设、有人使用、无人管理”的情况是比较普遍地存在的，因此需要为每一个建成的社区体育设施项目注册“户口”，明确产权归属，这样才可以避免多主体建设出现的无人管理难题。设施的维修需要固定的经费支持，尤其是想要实现定期维护、更换的目的，更是需要一笔可观的费用，这些费用应该从哪里来，现在有不同的渠道，但是从效果来看缺少经费仍然是一个无人维护的主要原因。“体育彩票”“社区筹资”等都不是一个可以保证的资金来源，没有一个固定的设施维护经费账户，就不能保证在社区体育设施出现损坏状况的时候能够有足够的资金来维修。

二、社区认同感缺乏

社区认同感和归属感是社区心理的重要因素，是指居住在同一社区的人们出于对自身生活安全和生活质量提高等自身利益的考虑，对所在生活地域具有的一种天然的维护、保护意识。由于我国城市“单位制”的长期影响，以及近年来城市建设和改造的迅速发展，大量新建居民区的涌现，使我国城市居民的社区认同感较为薄弱，他们很少过问社区事务和参与社区活动，这种现象既影响了社区的建设和发展，也影响了社区居民物质和精神生活需要在社区的满足。在一些经济实力雄厚、城市改造力度大的城市，为追求城市的现代化，在旧城改造中，拆除了成片的旧建筑，在一定程度上破坏了具有历史文化价值的宝贵资源，往往造成难以挽回的损失。此外，在社区规模的调整中，还存在由于机械划分“行政社区”，而导致原有的社区认同感消失。

三、 社区居民原子化

与传统的“单位制”社区和农村社区不同，现代化的城市社区体现出居民的“原子化”现象。随着市场经济的发展和经济社会转型的深入，过去以单位为工作和生活轴心的“单位人”也随之变成了“社区人”，社区已是城市的细胞，是城市管理的基本依托。人们的身份已经发生了变化，而生活习惯和心理却还没有转过这个弯。好多人在社区内的主要活动内容就是居住，遇问题和困难找单位，对集体事务和社区组织的一些活动参与积极性不高，对社区建设既不关心，也不感兴趣。即使是发生一些危害社区居民集体利益的事，好多人的态度也是“别人能过去，我也过得去”，没人出头露面。

这种缺乏沟通交流的环境使得社区内的居民不能形成一个利益共同体，人与人之间没有了沟通就成为一个个散落的“原子”，难以发生化学反应，形成各种各样的自治力量。每个人关心的都是自己“一亩三分地”里的事情，而对于社区其他居民不闻不问，这样的冷漠我们似乎已经司空见惯。社区居民原子化导致社区认同感的下降是我们不得不面对的事实。

四、 社区民间组织不活跃

社区内的居民组成民间自组织进行活动可以说是增进邻里感情、促进社区和谐的好办法，但是现在的社区内自组织一般都是已经退休的老人组成的“秧歌队”“坝坝舞队”等娱乐性质的组织，其组织的活动影响十分有限，并没有将社区内最活跃的年轻人吸纳进来。而社区青年自组织的不活跃导致年轻人的生活绕开了社区而集中于社区之外，这也使得这部分年轻人对于社区生活过于陌生，从而丧失了对社区的认同感。可以说只有真正融入了社区生活，才能够有内心油然而生的认同感和归属感，而加入社区内的民间组织、青年自组织是很好的切入点，从这方面来看，城市社区还需要积极培养社区内的民间组织。

第二章 社区工作与社区建设

2011 年，在研究黔中经济区的规划中，时任贵州省委书记的栗战书和时任省长的赵克志首次提出贵安新区的概念。在贵州省委、省政府主要领导的支持下，一些基础建设项目也先行开工建设。

2012 年初，国发〔2012〕2 号文件提出，把贵安新区建设成为内陆开放型经济示范区。《西部大开发十二五规划》中明确，要把贵安新区建设成为黔中经济区最富活力的增长极。

2012 年 4 月 13 日，《贵安新区总体规划方案》正式出台。

2013 年，贵州省人民政府正式上报设立贵安新区。

2014 年 1 月 6 日，国务院印发了《国务院关于同意设立贵州贵安新区的批复》（国函〔2014〕3 号），同意设立国家级新区——贵州贵安新区。

2014 年 6 月 19 日，贵州省人民政府正式做出批复，原则同意《贵安新区总体规划（2013—2030 年）》。根据批复，贵安新区发展规模为：到 2020 年，贵安新区城镇人口达到 90 万人左右，城镇建设用地控制在 94.5 平方公里左右；到 2030 年，城镇人口达到 200 万人左右，城镇建设用地控制在 220 平方公里左右。

2011 年 10 月新区建立，并以贵阳、安顺两地名的第一个字而定名为贵安新区。

2013 年 1 月 31 日，在贵安新区规划建设领导小组会议上，时任贵州省省长的陈敏尔省长指出：贵安新区“贵”在哪里？“贵”在生态环境、“贵”在人文条件、“贵”在后发优势；贵安新区“安”在哪里？“安”在人民安居乐业、生态环境安全、社会和谐安定；贵安新区“新”在哪里？“新”在生态文明建设、文化旅游业发展、体制政策、城市风貌上求特色。

新的区域一旦建立，那么就需要对社区进行全面研究，根据具体情况进行具体的建设。

第一节 社区工作基本概念

一、 社区工作概念

社区工作概念，是指在党和政府的领导下，依靠社区力量，利用社区资源，强化社区功能，解决社区问题，促进社区政治、经济、文化、环境协调和健康发展，不断提高社区成员的生活水平和生活质量的过程，也是建设管理有序、服务完善、环境优美、治安良好、生活便利、人际关系和谐的新型社区的过程。

二、 社区建设概念

社区建设是一项新的工作，大力推进社区建设，是我国城市经济和社会发展到一定阶段的必然要求，是面向新世纪我国城市现代化建设的重要途径。同时是城市基层社会在党和政府的支持、指导下，通过调整、强化社区自治组织和其他社区组织，依靠社区力量，利用社区资源，整合社区功能，发展社区事业，改善社区经济、社会和文化环境，把社区与整个国家的社会生活融为一体。

第二节 社区工作

一、 了解社区基本情况

了解社区的基本情况是每个开展社区工作的社会工作者都必须要做的。社区的基本情况包括社区的地理环境、社区内的人口状况、社区的资源、社区的组织结构、社区内的权利结构以及社区的文化特色。

贵安新区是国家级新区，贵安新区位于贵州省贵阳市和安顺市接合部，区域范围涉及贵阳、安顺两市所辖 4 县（市、区）20 个乡镇，规划控制面积 1795 平方公里。贵安新区是黔中经济区核心地带，区位优势明显，地势相对平坦，人文生态环境良好，发展潜力巨大，具备加快发展的条件和实力，将建设成为经济繁荣、社会文明、环境优美的西部地区重要的经济增长极、内陆开放型经济新高地和生态文明示范区。

在贵阳，有两种比较典型的社区：城中村社区和典型的城市社区。前一种社区外来流动人口占社区的 90% 及以上，居民流动性大，多从事社会低端劳动，居民素质普遍偏低；后一种社区，居民大部分为来自五湖四海的白领阶层，素质高，经济收入高。

初到工作站，可以通过相关的文档资料以及工作站领导的介绍了解社区，为日后的社区工作做准备。比如开展社区实践活动。

二、 建立专业关系

建立专业关系也可以叫作进入社区，这是社区工作的第一步。社区工作所要建立的专业助人关系的对象，包括社区居民、社区机构与社团，以及社区中各机构、各社团的领导人、各界的代表人物与知名人士。通常，初步关系的建立多由拜访社区的重要人物与社区机构入手，有时也开展一些有利于社区居民的活动来吸引社区居民接纳社区工作者。这一阶段最主要的工作是让社区居民了解工作者，社区工作者则需要寻求工作的对象以及社区工作的支持者。

笔者自己的经历是这样的：因前任社工在工作能力、人际关系等各方面都得到了工作站领导和同事的认可，所以工作站方面很轻易地接纳了笔者的经验。之后，在工作站书记的带领下，我们能够认识了社区中老年团体的主要负责人，也了解到老年群体在社区中的地位。

本社区中老年群体与工作站之间有很多的合作，他们为社区和谐建设做出了很多贡献。前任社工的工作也得到老年队伍的认可，为新社工与老年队伍建立良好的信任关系做出了很好的铺垫。在开展的“庆祝元旦，牵手低碳，共建和谐社区”联欢活动前，与书画组的盛老师进行沟通，盛老师了解了整个活动的要求后，组织社区中一些爱好书画的居民以“低碳”“和谐”为主题，创作出了多幅作品供居民欣赏，很好地宣传了整个活动的主题。社工与老年队伍建立良好的信任关系，不仅可以为老年群体提供服务，也可以发挥老年群体的力量来共同建设和谐社区。

三、 进行需求评估

认识和发现社区需求是全面认识社区的重要环节，是社工开展活动的依据。需求评估的主要目的是要确定一个社会问题的性质、范围和地点，并发现可行的、有效的问题解决方法。

通过工作站同事的介绍、观察来社区办事的居民以及与社区中老年人的交流，最后了解到社区中没有低保的家庭，经济方面对社区中的居民来说不存在问题。社区也严格按照政府的相关规定对一些有身体缺陷的个人的家庭提供政策帮助，但很多居民不愿意让别人来介入。因而我们认为，社区中居民的需求主要是文化方面的，主要的对象是社区中的老年人。

针对这一情况，应该把活动的重心放在文化建设这一方面，通过了解老年群体的需求，在配合工作者工作的情况下，开展适合老年群体的活动。

四、 确定服务计划

有关社区服务的计划可分为：整体规划，即对社区工作的现在和将来进行规划，规划涉及社区组织与发展的全局；具体规划，即对社区中亟待解决的问题制订出工作方案，它只涉及当时之事，是具体规划的一部分。有效的社区工作必须符合居民的愿望与需要，目标必须明确；必须具有适用性、可行性与可接受性；计划必须要有整体性，即与社区的整体规划是衔接的、配合的、一脉相承的。

在工作的社区，社工的经费主要由街道提供，向机构申请很难，而且只能申请到很少的一部分。这就决定了社工的很多活动都要配合街道的安排。社工根据街道的工作要求，在年初会根据社区的需求，围绕一个主题制订一套全年的社区活动计划，但是因为会接到市里或者街道或者工作站的任务安排，计划会根据具体的情况做出调整。比如，原计划是在三月份开展学雷锋的志愿活动，但是因为工作站接到新任务而做出了调整。

五、 社区活动宣传

社区活动的宣传主要是采取两个方法：第一，张贴通知。与小区保安联系，在小区的公告栏或几个入口处张贴通知，告知社区居民活动的内容、时间、地点等；第二，联系社区中的有影响力的人物。在开展活动中主要是联系社区中老年队伍的负责人，让他们帮忙通知各个小区比较活跃的居民。

六、 农村社区建设

所谓社区，仅就字面上的意思来看，“社”，是指为了某种共同目的而聚集在一起的人的群体；“区”，是指人们居住的地域环境。1887 年，德国社会学家滕尼斯在他的成名之作《社区与社会》或译为《共同体与社会》中第一次提出了“社区”或“共同体”的概念。滕尼斯认为，“社区”或“共同体”与“社会”是有很大差别的。在“社会”中，人和人之间关系的建立主要是基于契约、法律以及个人的独立性，而在“社区”或“共同体”之中，人和人之间关系的建立则是基于共同的历史、传统、信仰、风俗及信任，从而形成了一种亲密无间、守望相助、相互信任、默认一致的人际关系。自从滕尼斯把共同体、团体、集体、公社、社区这些词用于社会学以来，人们纷纷从不同的角度对“社区”的内涵和外延进行界定，对于社区及共同体的特征、特点及存在形式进行了大量的研究。虽然人们对社区的内涵和外延存有不少分歧和争论，但是人们也普遍承认“一定的地域”“社会交往”“共同的纽带”与“认同意识”是一个社区或共同体最基本的要素和特征。一般认为，社区是由一定数量成员组成的、具有共同需求和利益的、形成频繁社会交往互动关系的、产生情感联系和心理认同的、地域性的社会生活共同体。

作为一种社会生活共同体形式，社区是一个随着社会的变化而变化的历史范畴。与那种在自然状态下基于长期共同生活而形成的传统社区不同，现代社会中的社区往往因具有国家理性建构的特点而被称为“计划性社区”或“规划性社区”。就我国而言，伴随着改革开放与市场经济的发展，农村社会内部日益分化，乡村社会结构转型，农民流动的加快也带来其生产行为与生活方式的重大变化，传统的农村社区面临瓦解和消亡，现代农村社区建设已经成为时代的命题和要求。正如邓小平同志所讲：“我们现在所干的事业是一项新事业，马克思没有讲过，我们的前人没有做过，其他社会主义国家也没有干过，所以，没有现成的经验可学。我们只能在干中学，在实践中摸索。”改革开放以来国家所推行的一系列重大改革都具备试点先行的特征，在国家战略的安排下，我国农村社区建设依然遵循的是局部试点、累积经验、逐步推广、全面推进的改革路线。2001 年，江西开辟了全国农村社区建设第一块“试验田”，2003 年，江西在 100 个自然村采用“一会五站”模式开展村落社区建设试点。2004 年，湖北秭归县开始在全县 12 个乡镇推广杨林桥镇“撤组建社”的村民自治新模式。此外，经济发达地区也自发进行了农村社区的试验和探索，在实践中形成了“以城带乡”的胶南模式、“城乡一体化”的义乌模式及江苏太仓的“12345 工程”等。从先行实验的地区来看，尽管各地的做法不一，特点各异，然而取得的成效却是有目共睹的，而且这些地区在实践中摸索和创造出的好的经验和做法，为全国其他地方试点工作的开展提供了示范和样板。2006 年 7 月，民政部党组在全国民政工作年中情况分析会上第一次向民政系统提出了“开展农村社区建设试点”的要求。同年 9 月，民政部下发了《关于做好农村社区建设试点工作推进社会主义新农村建设的通知》（民函〔2006〕288 号），决定在全国有条件的地区开展农村社区建设的研究探索和试点。2006 年 10 月，党的十六届六中全会讨论通过的《中共中央关于构建社会主义和谐社会若干重大问题的决定》首次完整地提出“农村社区建设”的概念，要求“全面开展城市社区建设，积极推进农村社区建设，健全新型社区管理和服务体制，把社区建设成为管理有序、服务完善、文明祥和的社会生活共同体”。2007 年 3 月 19 日，全国农村社区建设工作座谈会对开展农村社区建设的重要性和必要性进行了论证，并且提出开展农村社区建设实验工作的要求。为更好地指导农村社区建设试点工作，民政部印发了《全国农村社区建设实验县（市、区）工作实施方案》（民函〔2007〕179 号），引导各地围绕农村社区管理体制与工作机制、农村社区发展规划、农村社区公共服务与自愿服务、社区工作人才队伍建设等方面进行创新和实验。

基于以上对“社区”在理念和实践中的认识，本书中把农村社区界定为：由一定数量成员组成的、具有共同需求和利益的、形成频繁社会交往互动关系的、产生自然情感联系和心理认同的地域性的生活共同体。所谓“社区建设”，根据民政部的定义：“社区建设是指在党和政府的领导下，依靠社区力量，利用社区资源，强化社区功能，解决社区问题，促进社区经济、政治、文化、环境协调和健康发展，不断提高社区成员的生活水平和生活质量的过程。”农村社区建设是指在党和政府的领导下，动员各方面力量，整合社区资源，强化社区功能，解决社区问题，合力建设管理有序、服务完善、文明祥和的新型农村社会生活共同体的过程，具有整合性、综合性、地域性、计划性、公共性等特征。

第三节 社区建设

一、拓展社区服务领域

第一，深化改革，健全体系，规范管理，拓展服务，加快发展。建立和完善面向失业人员的社区就业服务，面向老年人、残疾人、优抚对象、贫困户的社会救助和社会福利服务，面向社区居民的便民利民服务和面向辖区单位的社会化服务网络，逐步实现老有所养、幼有所托、孤有所抚、残有所助、贫有所济、难有所帮、需有所应。

第二，引入市场机制，实现社区服务管理和作业相分离。大力兴办多种所有制形式的社区服务行业，积极引导医疗、金融、保险、邮政单位和大型商业、服务业企业进社区设点，鼓励辖区单位服务设施和服务项目面向社会开放，促进社区服务向网络化、产业化、社会化方向发展。

第三，广泛开展科技、文体、法律、卫生、计生进社区活动，建立社区居民、辖区单位干部职工与志愿者参加相结合的社区服务队伍，促进社区服务的党员参与率、居民参与率和辖区单位参与率明显提高。

第四，积极推进社区信息化建设。在硬件建设上，多渠道筹集资金，将城区和市区所有社区的电脑配置到位，初步实现市、区、街、社区“四级联网”；在软件开发上，采取市场运作方式，立即着手开发社区管理服务信息系统软件。建立起全市社区信息服务平台，为社区居民群众提供更加方便、快捷、优质的服务。

第五，一切从居民的需求出发，广泛开展社区服务。社区党支部根据形势发展的需要，果断决策，把社区建设的重心转移到丰富社区建设内涵上来。

第六，发挥“龙头”作用，扎实有力地做好社区党建工作。加强党员“三会一课”制度及社区工作人员的学习教育，认真学习党的十八大精神及省、市、区有关文件精神，不断提高他们的政治观念和理论水平。在党员管理上要求党员认真履行承诺，通过组织管和自我管，使党员达到思想领先、行动领先、本领领先，实现让组织满意、党员满意、群众满意。在发展党员工作中我们遵循“坚持标准、保证质量、改善结构、慎重发展”的方针，按照党员发展工作的程序，认真履行手续，按照序时进度做好党员发展、纳新工作。建立创先争优联系群众长效工作机制。

第七，强化“美洁”意识，打造优质宜居环境。对社区卫生区域进行细致划分，指定专门的卫生队员负责具体区域卫生的日常保洁，做到卫生区域的专人清扫、专人巡查、专人管理。将每周五定为卫生集中整治日，发动社区单位、居民共同参与卫生集中整治，清理乱摆乱放，清运死角垃圾，清洗乱涂乱画，及时消除卫生脏、乱、差问题。通过经常性开展卫生健康教育宣传活动，引导居民养成良好的卫生习惯，自觉维护环境卫生，共同营造优美的生活环境。通过集中整治与日常管理相结合、物业管理与群众参与相结合，彻底治理小区院内、楼道及小区门前卫生死角垃圾等不文明行为，努力营造人见人爱适于健身休闲的花园式“精品示范”小区，进一步提升居民对社区的满意度，促进美丽和谐社区建设。

第八，繁荣“特色”文化，营造浓厚社区文化氛围。充分发挥社区文明市民学校、社区图书室等功能室的作用，成立社区老年艺术团队，组建歌唱、舞蹈、书画、器乐、手工制作等居民兴趣小组。以“幸福快乐”为主题，社区老年艺术团与市中医院职工联合开展了迎新春“我们的节日”联欢会；与区老干局联合开展了庆“五一”、“劳动最光荣”演唱会。通过各种活动丰富了辖区共建单位和居民群众的精神文化生活，形成了以社区居民为主、单位广泛参与、共创文化社区的浓厚氛围。

二、 繁荣社区文化、教育、体育事业

社区文化是以生活在社区中的居民为主体，以丰富和活跃群众文化生活、满足群众日益增长的精神文化需求为目的。加快社区文化建设，须充分重视社区文化建设事业，大力推进社区文化建设，对于提高人民群众的思想道德素质、法制观念和生活质量，扩大社会主义文化影响，促进经济和社会的发展，具有十分重要的意义。社区文化建设是城镇建设的一项，是实践“三个代表”重要思想、加强思想文化阵地建设，全面建设小康社会奋斗目标的一个重要举措。 社区要积极发展社区文化事业，就是要加强思想文化阵地建设，不断完善公益性群众文化设施，充分利用街道文化站、社区服务活动室、社区广场和社区内的各种专栏、板报等现有文化活动设施，结合创建精神文明社区，广泛开展各种群众性的文化、体育、科普、教育、娱乐活动，提高社区文化队伍和社区成员的整体素质，促进社区成员形成健康、文明、科学的生活方式，造就崇尚科学、破除迷信的社区氛围。以下是对于繁荣社区文化的几点建议。

首先是在政治思想上要突出“三个代表”重要思想的宣传与教育。“三个代表”

重要思想是社区先进文化建设的灵魂。党在社区执政的组织基础和干部基础是党在社区广泛设立的基层组织和广大的党员干部，他们是党在社区一切工作的组织者和领导者，他们的一言一行直接影响和带动着广大人民群众的思维和行动，群众不仅要按照他们要求的、所说的去做，还要按照他们所做的样子去做。社区一切文化建设都要在党的正确领导之下进行，都要符合“三个代表”的要求，否则就不能繁荣社区文化，这是由先进文化的本质所决定的。

其次是坚持政府引导、市场化运作和社区资源整合三管齐下为抓手，不断完善社区文化建设多元化融资体系，保障社区文化建设运作协调，不断强化社区文化阵地建设。在保证财政预算对社区文化建设的投入且每年有所增加的基础上，着重加大政策对社区文化建设的扶持力度，通过政府引导、政策扶持、市场化运作，不断吸引社会资本对社区文化建设的投资，完善社区文化建设多元化融资体系，确保社区文化建设有钱办事。同时，充分调动、整合驻区单位已有的文化设施资源，形成以社区文化中心为基础，驻区单位文化设施联动的社区文化活动阵地，实现资源共享、文化共建、共同发展。坚持以制度促规范，以制度促发展，不断完善社区文化建设各项规章制度。要培育社区文化传播的共享机制。本着资源共享的原则，坚持由社区文化向文化社区的发展方向，结合辖区的区域优势和社区实际，加强与社区内单位和经济主体的横向交流，积极争取辖区内单位、学校、企业的内部资源对社区群众开放，筹建社区文化建设的“资源共建网”。一是开辟社区科技文化阵地，在社区居委会建立图书室、阅览室，通过辖区单位赠送图书，社区居委会自身购置一部分图书，组织社区居民群众捐赠图书等形式，既可以丰富社区图书室的图书数量，又不断更新了图书的内容。二是开辟社区文化教育阵地，社区先后购置了电脑、投影机、摄影机等设备，开设了如书法、绘画、摄影等类型的文化课程，对居民进行电子技术培训。三是开辟健身文化阵地，社区本着共享、共驻、共建的方针，配套完善几个早晚健身娱乐阵地。通过对社区文化资源进行调查摸底，结合社区居民的文化需求，认真制定开发社区文化资源的可行性方案，加强与辖区单位、企业的联系，不断探索在市场经济的条件下资源共享的新形式等举措，也可以逐渐成为开辟社区文化阵地，开展社区文化建设的主要途径。

再次是要结合实际建立文化队伍。我们要加强社区文化的队伍建设，努力把社区内各个层次、各个界面、各种人员团结和凝聚起来，建立健全组织，充分调动社区群众参与社区文化建设的积极性，扩大社区文化的覆盖面和影响力。一是努力完善社区文化建设的指导机制，探索社区文化指导队伍建设。加强与街道文化部门的联系，邀请有关领导、专家，辖区内的名人、学者和具有文艺特长的居民，成立社区文化指导组；发挥社区理事会、社区企业的作用，成立社区文化建设指导组。针对目前参与社区文化活动的群体层面比较单一的实际情况，建立党员、团员、少先队员进社区制度，组建社区文化青少年队伍；二是充分调动居民群众参与社区文化建设的积极性。坚持以人为本，统一思想，提高认识，把服务社区群众作为开展社区文化活动的着眼点和落脚点。注重开展社区文化的层次性和多样性，针对社区群众的不同层次文化需求，既要发展高雅文化，也要发展通俗文化，努力做到在学习、教育、文娱、健身、科普、网络、艺术等领域百花齐放。在活动形式上，提倡多样化，努力做到富有情趣，喜闻乐见，贴近生活，与时俱进。同时，在开展社区文化活动中，注意把群众自发、分散的活动组织起来，领导起来，逐步建立和规范书画、围棋、戏曲、腰鼓、体操、气功等各种群众性的文化形式，组织他们进行广泛的交流合作。注重把群众热爱文体活动的积极性保护好、发挥好，通过典型引路的激励措施，有意识地加以引导、培育，从而吸引更多的居民群众参与到社区文化活动中来；三是通过健全和创新社区文化责任机制、激励机制和培训机制，以责任为依托，以激励为导向，以培训为抓手，加强社区文化的队伍建设。

最后是在切实抓好社区文化队伍建设的同时，建立健全社区文化教育工作委员会，通过建章立制，经常性地开展工作，指导协调社区宣传、教育、科普、体育、文化、娱乐等文化工作。巩固、壮大现有社区文化活动团体，充分挖掘驻社区企业、单位、学校、部队的文化潜力，成立青年、少年、企事业单位、部队文体活动组织，实现居民文化、企业文化、校园文化、军营文化等内容相结合、全面发展的社区文化活动，及时发现、培育热心社区文化事业并有一技之长的文化骨干队伍，在精神和物质上予以鼓励，充分调动文化骨干的积极性、主动性和创造性，通过文化骨干的“传、帮、带”作用，扩大社区文化的影响力，提高社区文化的品位和档次。也可简单地总结如下：

①结合城市建设，积极创办市民学校，不断完善社区公益性文化体育设施，形成包括舆论阵地、文化场站、体育场馆、休闲场所和青少年、老年活动室等在内的各种文化体育活动网点，不断满足居民群众学习、娱乐和健身活动的需要。

②以社区党校、市民学校、家长学校为阵地，努力提高市民素质。开展多种形式的社会主义、爱国主义、集体主义教育，社会公德、家庭美德、职业道德教育，

科学知识、科学思想、科学方法、科学精神教育，形势政策、民主法治和维护稳定教育，不断提高居民思想政治素质和文明程度。

③广泛开展群众性文化体育活动。发展广场文化、企业文化、楼院文化、家庭文化，利用社区和社区内单位的图书室、影剧院、文化馆、俱乐部等各类活动场所，经常组织具有社区特色的文化、体育、科普、教育、娱乐等活动，丰富居民精神文化生活，反对封建迷信活动，倡导科学、文明、健康的生活方式。

④深入开展社区共建活动。增强社区辖区单位、社区各类组织和社区全体成员的地缘意识、参与意识、公共服务意识，形成“共驻社区、共建社区、共享社区资源”的良好态势。

⑤深入开展以“讲文明、树新风”为主要内容的群众性精神文明创建活动。把社区思想政治工作放在突出位置，通过组织群众开展争做“文明市民”、争创“五好文明家庭”和“文明楼院”等活动，引导居民热爱自己的城市、社区，共同建设美好家园，自觉维护城市和社区的良好形象，推动文明社区、文明街道、文明城市的创建工作。

三、促进居民自助互动，增强社区凝聚力与归属感

构建和谐社会，对于城市来讲，主题是构建和谐社区，因为社区是社会的细胞。现在社区的概念还没有真正培育起来，社区远远没有形成一个利益和意愿的“共同体”；邻里之间缺乏更深刻的社会关系和感情联系。这种缺乏联系的“和谐”，是一种冷漠的和谐，老死不相往来的和谐，是一种低层次的和谐。

社区建设要和地区协调发展有机结合起来，不断提升我们的服务能力，使教育、卫生、文化等优质资源都能延伸到社区。要在文化、思想、政策、制度等方面采取措施，构筑价值观传播的载体。要通过各种社区文化活动，培育和发展街道—社区精神，增强横向的沟通、联系，为“生人”社会发展为“熟人”社会提供纽带，在传递笑声的同时，传递健康有益的信息，形成共同的价值观，推进以社会主义核心价值体系为根本的和谐文化建设，增强社区的凝聚力、归属感、幸福感，激发区域发展合力，实现地区的和谐发展。

贵安新区各种社会资源十分丰富，国家机关应该对该地区进行重视，要进一步强化“区域发展”的理念，加强对区域发展要素的统筹、协调，使贵安新区构建社会和谐的“空间”覆盖整个区域，发展成果为区域内的所有成员所共享。

就宣传思想工作和文化建设而言，我们要通过组建贵安新区文联和贵安新区社科联，组织地区宣传文化工作联谊会等多种方式，积极探索共建共驻共享的机制，努力打破由于体制和习惯造成的隔膜，了解各界人士的诉求，满足各方面的需要，充分发挥新区各种资源优势，为关心新区改造、生活在贵州以及贵安新区的理论家、学者、艺术家以及各级党政机关的领导参与新区发展提供广阔的平台，共同推进整个区域的协调发展，共享和谐社会建设的成果。

通过组织形式多样、健康有益的群众性文化、体育、科普、教育、娱乐、互助等活动，激发他们“热爱社区、建设社区”的热情，培育社区居民共同的价值体系、伦理观念和道德规范，形成社区人群的文化维系力。

第三章 城镇化进程中农民主体性缺失与建构

第一节 主体性互构理论

马克思主义认为，“从生动的直观到抽象的思维，并从抽象的思维到实践，这就是认识真理、认识客观实在的辩证途径。”我们严格遵循马克思主义关于认识运动的基本规律，运用科学合理的社会调查方法调查获取了较为丰富和合乎实际的关于农村社区建设的感性材料。

理论的创新一方面来源于实践经验的启发，一方面来自于对既存理论的反思。归纳起来，“主体性互构”理论的形成是以下两个方面合乎逻辑的必然结果。

一、本土经验孕育本土模式

通过社区建设来促进社会发展、实现现代化，是世界现代化的一般规律。从目前全球的现代化进程来看，社区建设已经是世界各国努力实现经济现代化与社会现代化均衡发展的一种国家战略。美国学者戴维·布雷认为：在欧美国家，社区建设已超越了公民社会领域（社群认同、地方民主的领域），扩展为国家治理领域，社区摆在了解决全套社会问题的中心位置，社区建设已成为低成本、高效益治理的源泉，旨在抵消全球化、工业化、市场化、城市化所带来的文化、社会和政治的断裂问题。英国著名的理论家安东尼·吉登斯提出“新的第三条道路”，主张建立国家与社区“伙伴关系”，呼吁国家采取主动，发起和指导社区行动，鼓励企业向社区提供资源，以解决城市衰落和犯罪问题。中国的社区建设与其他国家的社区建设所面对的问题颇为相似，但解决问题的方式却有差异。这种差异主要表现在中国社区建设的道路选择上。社区建设的中国道路是共产党领导的政府、市场、社会共同推进社会建设、实现社会现代化的道路，其实质集中体现在社区建设中要“处理四个关系”和“建立四个机制”上：一是要处理好政党与社会的关系，建立党组织领导的充满生机与活力的基层社会自治机制；二是要处理好政府与社会的关系，建立政府行政管理与基层社会自治的有机衔接机制；三是要处理好政府、市场、社会的关系，建立公共服务、商业服务、志愿服务的良性互动机制；四是要处理好个人与团体的关系，建立以个人自愿为基础、以社会组织为中介的社区认同机制和社会团结机制。同时，在社区建设的具体内容上，执政党依托社区来加强基层党组织建设，实现党对基层社会的领导，扩大党的民意基础，巩固党的执政地位：政府依托社区提供基本公共服务，加强社会管理，维护社会稳定；市场依托社区提供社区服务，履行企业社会责任；居民依托社区建立社会组织，开展志愿行动，发展基层民主，增强基层社会自治能力，促进社区认同和社会团结，等等。所以，与其他国家相比，中国的社区建设是一个“国家在场”“市场在场”“社会在场”的历史进程，在共产党的领导下充分发挥政府主体性、市场主体性、社会主体性是中国社区建设道路的本质特征。更为重要的是，中国社区建设不是单向度地建构国家主体性——提供公共服务，增强国家对社会的整合能力，也不是单向度地建构市场主体性——增强社区商业服务能力，更不是单向度地建构社会主体性——增强社会自治能力，而是政府主体性、市场主体性、社会主体性交互建构的实践过程。

2010 年底至 2012 年春，贵州大学研究中心在贵安新区社区体制改革创新的调研中发现，贵安工业园区社区建设的实践为上述中国社区建设道路的本质提供了鲜活生动的证明。贵安工业园区在十余年的社区建设过程中，把新加坡公共管理和社区发展的先进经验与工业园区实际相结合，创造了以社区建设为路径，通过构建政府主体性、企业主体性、社会主体性“三体互构”模式，实现了建立精简效能的基层行政体制、充满活力的社区自治机制、融入社区的企业社会责任机制、功能完善的社区服务体系的社会管理创新目标。贵州工业园区社会管理创新的“三体互构”模式的最大特征在于其多元性、主体性、交互性和分享性。所谓多元性，是指贵州工业园区社区建设的行动主体是多元的而不是单一的，政府（园区工委、管委会、社会事业局、社区工作委员会等）、市场（邻里中心发展有限公司及其加盟企业、企业社会责任联盟中的企业、“星圆行动”中的企业家等）、社会（社区居民委员会、社区社会组织、社区民间精英等）构成了社区建设的主体。所谓主体性，是指贵州工业园区社区建设是发挥政府主体性（履行政府的社会责任，包括塑造先进的社区理念、引领普世的社区价值观、创设公平的社区制度、提供均等的社区公共服务、激励企业和公民的社区参与）、市场主体性（履行企业的社会责任，包括为社区提供优质服务、为社区提供资源、开展社区公益行动）、社会主体性（履行公民的社会责任，包括培育公民意识、增强志愿精神、开展志愿行动、增进社区认同、促进社区团结）的过程。贵州工业园区社区在建设过程凸显了政府主体性、市场主体性、社会主体性的交互建构。无论是社区工作委员会与社区居民委员会关系的调整过程，还是邻里中心的建设过程，以及新邻里主义实践、“触爱行动”过程，都体现了政府主体性、市场主体性、社会主体性相互建构的特点。所谓分享性，是指主体性交互建构过程也是主体间分享快乐的过程。“怕孤独就交往，想快乐就参与”成为贵州工业园区幸福社区的建设理念，“快乐”“公益”是幸福社区建设的基本原则，幸福社区建设不是零和博弈，主体间分享快乐才使主体间形成良性互动格局。

其实，不仅仅是贵州工业园区社区建设的实践经验具有政府主体性、市场主体性、社会主体性交互建构的特点。作为一种规划性变迁，我国很多地方的社区建设的实践无不说明了中国社区建设是一场“政府在行动”“市场在行动”“社会在行动”的集体行动过程。“政府在场”“市场在场”以及“社会在场”使建设中的社区处于“国家化过程”“市场化过程”“社会化过程”的交替之中，从而导致社区共同体不是一个纯粹的国家领域、一个纯粹的市场领域或者一个纯粹的社会领域，而是国家、市场、社会都在其中的一个混合领域（第四领域）。在这个“混合领域”中，多行动主体——国家（各级党组织、政府机关及其个人）、市场（各类企业组织及其个人）、社会（各种群众自治组织和社区社会团体、城乡社区居民）都有各自的行动策略和行动逻辑，它们围绕社区建设彼此互动，相互博弈，共同打造新型社会生活共同体。中国社区建设的本土经验一方面引领我们正确理解社区建设的中国道路，另一方面促使我们建构适合解读本土经验的中国理论。

二、本土模式呼唤本土理论

当前，在我国政治体制改革逐渐深入、全能政府体制逐步消解的趋势下，众多的政府部门、大量的社会组织和市场组织都介入社区建设，于是，“如何处理好中央与地方间的、政府部门间的、政府组织与社会组织和市场组织间的关系，促使它们之间形成合力而不出现抗力，是我国社区建设需要解决的一个战略性问题。”对社区建设结构中的主体间关系进行解读，必须依据某种理论建立起一个解释性的框架。目前，在关于中国城乡社区建设的研究中，国内学界主要运用的分析模型有公民社会理论，国家政权建设理论、治理理论和“第三领域”理论等。公民社会理论和国家政权建设理论来自于欧美学术话语体系，主要是依据欧美国家与社会分离、国家与社会对抗的事实和经验所提出的。20 世纪 80 年代，中国学界开始应用这两种理论来研究中国社区问题。公民社会理论和国家政权建设理论都预设公民社会与国家的分野，都将社区视为国家或社会单向作用的领域。其中，公民社会理论主张中国社会结构变迁的基本趋势是形成国家、市场、社会三足鼎立的现代社会结构，它主要关注国家之外的公民社会是否存在于社区、公民社会在社区是如何产生的，而当前中国社会结构则呈现出政府力量过大、市场力量发展、社会力量过小的不对称格局；而国家政权建设理论的关注点主要聚焦在国家整合社会的方式与途径，强调和突出国家控制能力的绝对性，这在理论和实践中势必是行不通的。

“社区治理理论”试图构建起一种多元协同的社区治理格局，但是这种理想模式与中国目前的社区发展的实际水平却不相符。因为治理理论的重要前提预设之一是各个治理主体发育充分并且相互独立，然而，当前参与到中国社区建设实践中的各个行动主体尚处于培养与发育的过程中，并不具备标准意义上的独立性；而且，各个行动主体的平等参与是治理理论的要义之一，但是中国社区参与主体却存在着主次之别，“政府对社区的引领、指导、规范和扶持是必不可少的，并且，中国的社区建设从一开始就是由政府推动的，所有的政策、措施源于政府并且始于政府”。20 世纪 90 年代，学界反思中国问题研究范式，提出“第三领域”理论。所谓“第三领域”，既非纯粹国家的也非纯粹社会的，而是国家与社会均介入其中的领域。不过，“与西方的国家或市民社会模式相反，中国的政治变迁从未真正出现针对国家的社会自主性的持久追求”。如上所述，当下流行的诸多理论对社区建设场域中国家、市场、社会之间的关系虽然均具有一定的解释力，但却无法将各个行动主体纳入一个统一的分析框架，无法从整体上解读中国社区建设中，国家在场、市场在场、社会在场的过程和事实。由此带来的问题是：如何从整体上而不是从局部上理解我国的社区建设？如何正确理解社区建设中国家、市场、社会的关系？如何判断国家、市场、社会介入社区建设对它们自身的意义？这些是中国社区建设需回答的基础性、根本性的理论问题。如前所述，尽管中国社区建设的初源来自西方，但两者的经验、事实基础有着很大差别。中国的社区建设植根于中国现代性过程，这一过程由西方现代性扩散而引发、展开，在由特定的时空具体性结成的中国本土社会背景之下，构成了中国本土社区建设理论赖以生成的基本经验事实。既然现有的西方理论无法解读中国社区建设的过程和事实，那么顺应时代要求实现对中国现代性本土取向的不断探索，在理论研究上开拓出新的学理空间必将具有重大的意义。华中师范大学湖北城市社区建设研究中心一贯坚持“应用研究、研究应用”的宗旨，按照“瞄准前沿、提炼思想、增进学术”的指导原则，不断增强自身学术发现能力，积极促进理论范式的本土化。“主体性互构”理论正是该校陈伟东教授带领中心成员在汲取主体性理论、公民社会理论、治理理论、行动者—结构理论等合理内核的基础上，尝试提出的一个适合中国社区建设本土经验、能够解读中国社区建设既有经验、帮助中国社区建构未来路径的整体性分析视角。

第二节　理论基础与分析框架

学术研究是一个薪火相传、推陈出新的过程。有效利用已有的学术资源不仅能给我们提供理论运用方面的启示和研究方法上的借鉴，而且能够激发我们进一步探索与思考的灵感。

（一）理论基础

马克思主义主体性理论。马克思主义哲学是以实践为基础的主体哲学。马克思的主体性思想在他的人学理论中占据着重要的地位，而主体性概念是其整个理论体系的关键环节。马克思主义哲学认为，主体性是主体的本质规定性，主体指人在实践过程中表现出来的能力、作用、地位，即人的自主、主动、能动、自由、有目的地活动的地位和特性。

马克思主义主体性理论是建立在批判吸收西方哲学主体性思想的基础之上的。在古希腊哲学中，苏格拉底就已经开始意识到主体性的重要意义，其哲学研究逐渐从外求诸物转向内求诸己，从而在西方哲学史上率先确立起了主体性原则。近代哲学家笛卡儿把“我思故我在”作为无可怀疑的哲学第一原理，通过“怀疑”“沉思”树立了理性的权威，决定了人在认识与实践活动中的自主性，这就以哲学的形式弘扬了人的主体性。沿着笛卡儿开辟的方向，康德和黑格尔最终完成了主体性哲学理论的进一步建构。其中康德将世界分划为“现象”和“物自体”，他认为人不仅为自然立法，而且通过自由意志为自身立法，确立了人是人自身的根据。而黑格尔则在前人的基础上把主体性哲学发挥到了极致。黑格尔将人的精神或心灵作为对自然的决定形式，精神的自由就等于人的自由。在黑格尔看来，绝对精神自由地使自己外化，而这个“绝对精神”实质上就是人和人的主体性。抑神扬人的文艺复兴运动是人类历史中自觉的主体性和非自觉的主体性的分水岭。它发生在封建社会与资产阶级社会两种社会形态的转型期，为人的主体性的生发创造了一次契机，使被压抑的个性开始萌动，沉睡的主体性开始觉醒。从此人们逐渐摆脱宗教神学的桎梏，踏上了自觉主体性的发展历程。主体性哲学代表了文明进步、正义与真理，它把人从宗教神学和自然的控制中解放出来，成为文艺复兴以来的思想基础，奠基着现代性，并成为启蒙运动的最高成果。在文艺复兴运动以后，弘扬人的主体性始终是西方近现代哲学中一个主旋律。甚至可以说，西方哲学近几百年来的主题就是主体与主体性，人的主体地位与人的主体性受到了空前的重视。

（二）社区治理理论

“治理”范畴是近几年政治学、社会学广泛重视和应用的范畴。俞可平认为，“作为一种政治管理方式，治理有以下四个特征：治理不是一整套规则，也不是一种活动，而是一个过程；治理过程的基础不是控制，而是协调；治理既涉及公共部门，也包括私人部门；治理不是一种正式的制度，而是持续的互动。”从治理概念出发，社会被看成是由市场、政府和第三部门（公民社会）形成的三足鼎立的局面。三者遵循不同的行动逻辑，政府主要通过等级控制、垄断性权威和强制性权力来提供公共物品和公共服务，市场通过自由竞争机制、价格机制和利润来配置社会资源，第三部门组织则通过道德、志愿、慈善、发言权和集体行动来参与公共治理。在社会的价值体系中，市场构成经济资本，政府构成制度资本，第三部门构成社会资本。治理的主旨就是在这“三足”的多元互动之中寻求政府与市场和公民社会之间的动态平衡。根据治理的概念和治理理论内涵，社区治理可以理解为治理理论在社区层面上的运用，“社区治理是指以社区地域为基础，政府与社区组织、社区居民共同管理社区公共事务的活动”。一般来说，社区治理具有以下特征。一是权力主体多元化。社区治理存在多元主体，参与社区活动的不仅有政府组织、社区组织、社区居民，还有非营利组织和社区成员单位，从而形成多个权力中心。二是手段和方式的多样化。社区治理强调各治理主体之间的自愿平等合作。各主体通过协商、伙伴关系来实现对社区事务的管理。三是参与性。社区居民、社区组织都是社区治理的参与者。四是网络化。社区居民以及社区组织之间协调与沟通，凭借合作网络实现社区治理，并最终形成一个自主的网络。从对社区治理特征的分析可以看出，社区治理的实质是建立在市场原则、公共利益和社区认同基础之上的合作、信任和互惠关系。社区治理的基本价值理念是“社区居民利益的主体性和本位性”。陈伟东教授认为社区治理的基本要素包括治理主体（平等参与者）、治理客体（社区公共事务）、治理规则（社区成员认同的社区规范）和治理过程（社区治理是实体活动，表现为成员之间的合作互动行为）。总之，社区治理立足于协调而不是控制；作为一种持续的互动过程，它既涉及公共领域、也涉及私人领域；它强调自下而上的多方面参与而不是政府或行政部门的传统管理。社区治理要实现对公共事务的有效管理，实现公共利益的最大化，关键性因素就是建立多元主体之间的协调和参与网络，实现国家和公民社会的多边合作。

（三）合作主义理论

合作主义（corporatism）在国内又被翻译为社团主义、法团主义、统合主义、组合主义等，而合作主义则是使用比较多一些的译法。从形成背景来看，合作主义是作为资本主义占正统地位的多元主义出现危机之后产生的一种替代性理论。“合作主义思想源于两种哲学的综合，即欧洲天主教义和民族主义，前者强调和谐与社会统一，后者重视适应本民族文化传统，强调个体对民族利益的服从和牺牲，从而使社会结为一体。”所以说，提倡和谐、强调整体、追求社会秩序乃是合作主义的一贯宗旨。由此可见，合作主义注意的问题主要不是个人，而是由个人联结起来的行动秩序，它倾向于把社会作为一个整体来处理，同时把失控的冲突视为“病态”，因而减少冲突或控制冲突就成为合作主义竭力张扬的秩序价值。进入20世纪以来，合作主义的重心转到制度描述方面，它希望论证一种限制无序冲突的制度安排，寻找适合现代工业社会权利分配和运行的结构体系。从内涵来看，合作主义是“一个利益代表系统，是一个特指的观念、模式或制度安排类型。它的作用，是将公民社会中的组织化利益联合到国家的决策结构中”。“这个利益代表系统由一些组织化的功能单位构成，它们被组合进一个有明确责任（义务）的、数量限定的、非竞争性的、有层级秩序的、功能分化的结构安排之中。它得到国家的认可（如果不是由国家建立的话），被授权给予本领域内的绝对代表地位。作为交换，它们的需求表达、领袖选择、组织支持等方面受到国家的一定控制”。

我国学者康晓光最早用合作主义来研究国家与社会关系，并且提出了建设“合作主义国家”这一设想。他认为，第一，“合作主义国家”是一种“理念”。这一理念所推崇的是一种有效、公正、稳定的社会合作秩序；第二，这种理念进一步体现为一组“原则”，即“自治”“合作”“制衡”与“共享”；第三，这些理念和原则又进一步体现为一系列“制度”，即“权威主义”“市场经济”“法团主义”“福利国家”，保证了四大阶级的分权制衡；第四，“现代仁政论”提供了合法性理论论证；第五，有效的合法性理论必须有民族文化渊源，“文化民族主义论”提供民族文化渊源论证。尽管他认为“合作主义国家”是具有特定的理念、原则、制度、合法性理论、文化渊源，而“合作主义”仅仅相当于“合作主义国家”制度体系的一个组成部分，“合作主义国家”与社会学和政治学中流行的“合作主义”不可混为一谈，但在其勾勒的合作主义国家中，“合作主义”也完成了基本规定性的界定。

我国有学者认为，合作主义与我国国情、现实有着相当的契合性：第一，中国有地方法团组织传统；第二，中华人民共和国的共产主义体制造成国家吸纳社会现状，形成了强国家模式的法团组织；第三，中国的渐进式改革使得精英的延续性很强，许多所谓的社会精英其实都有体制内的背景，他们所创办的社会组织自然与政府联系密切；第四，当前中国处于社会转型时期，政府仍然掌控着主要资源。

还有学者认为可以借鉴合作主义的理论，主要是基于以下几个理由：①社会主义基本观念体系下的全体人民共同利益的一致性与法团主义强调合作的主题具有某种契合性：②后发外生型现代化的演进逻辑表明，中国的现代化必须借助国家的力量来推动社会的整体发展，这就决定了国家的不可“缺席”；③我国多元的社会格局初步形成，而多元主义的制度安排显然与我们的社会主义政治理论与实践不能兼容，合作主义给我们提供了借鉴的可能性；④在当前社会阶层分化的过程中出现的诸多问题使社会面临着分裂的危险，为了实现对社会的有效整合，建立新政治局面，可以求助于合作主义的结构安排；⑤在我国已经具备了某些合作主义的制度安排。我国已经形成了垄断性的社会组织，如全国总工会、全国妇联、全国青联等，还形成了社会团体“双重管理体制”。管理体制塑造了中国社会组织的“双重性格”即半官半民，确立了政治组织支配社会组织的地位。

（四）社会资本理论

20 世纪 90 年代以来，社会资本逐渐成为社会学、政治学、经济学、管理学等诸多学科的热门概念和分析范式。“社会资本”这一概念由法国社会学家皮埃尔·布迪厄在 1980 年首次提出，后被经济学家、社会学家、政治学家等广泛采纳，用以研究各自研域的问题，成为一个具有很强的包容性、解析力的概念。关于社会资本的定义，代表性的解释有布迪厄、科尔曼和普特南的三种观点。布迪厄认为，社会资本是“实际的或潜在的资源的集合体，那些资源同某种持久性的网络是密不可分的，这一网络是大家共同熟悉的、得到公认的，而且是一种体制化关系的网络”。科尔曼则认为，社会资本“包括社会结构的某些方面，而且有利于处于同一结构中的个人的某些行动；和其他形式的资本一样，社会资本也是生产性的，使某些目的的实现成为可能，而在缺少它的时候，这些目的不会实现”。而普特南却认为，“社会资本是社会组织的特征，如信任、规范和网络，它们能够通过协调和行动来提高社会效率”。尽管不同的学者对社会资本所下的定义不尽相同，但普遍认为，信任、规范和参与网络是社会资本的三大基本要素。首先，社会资本主要是由公民与信任、互惠和合作有关的一系列态度和价值观构成的，其关键是使人们倾向于相互合作、去信任、去理解、去同情的主观世界观所具有的特征；其次，社会资本的主要特征体现在那些将朋友、家庭、社区以及公私生活联系起来的人格网络；再次，社会资本社会结构和社会关系用以推动社会行动和实现行动目标的手段。社会资本作为一种为促进共同利益而采取的集体行动的正式和非正式的规范和网络，它对于个人、组织之间的生产和合作乃至整个社会的进步和繁荣具有积极意义。澳大利亚学者布伦（Paul Bullen）和奥妮克丝（Jenny Onyx）的一项研究认为，社会资本的主题包括网络中的参与、互惠、信任、社会规则、公产、能动性等。因而界定社会资本的因素可从 7 个方面着手：①对社区的参与；②社会背景中的能动性；③信任和安全感；④邻居间的联系；⑤家庭与朋友的联系；⑥差异化的承力；⑦生活价值。据此，考虑到我国城市社区的特点，国内学者认为，社区社会资本可通过综合考察以下几个因素来测量：①对社区的参与；②信任和安全感；③邻居间的联系；④家庭的联系；⑤社区规范；⑥社会价值观；⑦其他因素。而与社区治理相关的社会资本主要有：①制度规范，指法律制度规范、道德约束规范、个人自律规范等；②关系网络，指邻里关系、家庭关系、朋友关系等；③居民参与，指社区居民参与社区组织活动和参与社区事务管理的能力与频度；④信任度，指存在于社区居民之间、居民与社区组织之间、社区与社区外的其他组织和个人之间的信任程度。这些制度规范、关系网络和信任度等都对社区治理起着非常重要的作用。因此，根据社区社会资本拥有主体的差异，有学者建议可以从微观、中观和宏观三个维度来考察社区社会资本的存在形式。在微观层次上，社区社会资本就是指社区居民个体所拥有的社会关系网络以及通过这种网络动员获取资源的能力，包括信任、亲情、信仰、参与、互惠等，也可以称之为个人社会资本；在中观层次上就是指社区组织在社区社会网络形成中的作用，即社区组织的关系网和动员能力，包括规则、参与、信任以及以组织名义发生的各种联系，也可以称之为组织社会资本；在宏观层次上就是指社区整体所拥有的社会资本，也就是把社区视为一个整体，它在嵌入社会系统时所依赖的法律、制度、规则以及网络等。事实上，上述三个层次的社会资本在很多情况下相互交叉、相互依赖、在社区治理中产生着重要影响。

（五）社会互构理论

"社会互构论"是我国学者郑杭生教授率领其学术团队在其"社会运行论""社会转型论""学科本土论"等理论成果基础上持续探索的结果。"社会互构论"通过对"社会与自然之间关系的畸变""当代社会生活的急速流变和分化""全球社会多元趋势的相互型构""当代中国不同社会现象和过程的互制关系"等当代社会生活的不同现象和过程的研究，着力理解和阐释多元行动主体间的相互型塑及其同构共生关系。

第一，关于"社会互构论"的框架性理念。社会互构论对西方文化价值观主导的旧式现代性及其沉重代价进行了批判性反思，对中国社会转型过程的新型现代性实践进行了建设性探索，将社会与自然、个人与社会之间的同构互生、互构共变（特别是互构谐变）视为新型现代性应当确立的基本关系，着力阐扬了中国特色社会主义现代化过程所蕴含的新型现代性的基本理念、初始内涵和实践努力。

第二，关于"社会互构论"的基本预设。"社会互构论"对古典和当代的社会学理论传统进行了梳理，在此基础上形成了自己的基本预设，即"社会与自然、个人与社会是实践中的关系系统"。这种关系既不是绝对的"二元对立"，不是简单的"因果对应"，更不是主观的"建构结果"。

第三，关于"社会互构论"的核心概念。作为"社会互构"理论的核心概念，"社会互构"是"社会互构论"对当代中国快速转型期个人与社会的关系的一种理论概括，也是从社会互构的时代特征方面对我国当代个人与社会行动关联的刻画和解释。“社会互构论”运用这一核心概念对关于现代社会不同主体的互构关系、互构类型、互构过程、互构机制及条件等进行了着力探索。

第四，关于社会互构关系的具体化。“社会互构论”通过“互构共变”来呈现当代中国个人与社会关系具有的交互性建塑和型构特征。“互构共变”是关于当代中国个人与社会的行动关联和关系性状的基本趋向，以及其在社会的经济、政治、文化和生活领域，以及对个人意识、行为方式和生活样式等各个方面的经验形式所给予的一种理论提炼和学术表达。在“互构共变”关系过程中，个人和社会形成相应的、协同的、共时的演变，使不同社会主体的行动关联得以构成一种新型的关系性状。

第五，关于社会互构的类型。在一般意义上，根据社会互构共变的“向度”和“量级”，可以将社会互构划分为“正向谐变”“逆向冲突”“悖向同变”三种类型。

第六，关于社会互构的过程。社会互构过程是多重意义的统一：是行动主体间的交互建塑、型构过程，是社会行动意义的“效应”过程，是主观行动意义赋予向外在行动意义转变的实践化过程，也是实践意义的生成、往复调适、反思性监控的行动延展过程。

第七，关于社会互构的机制及条件。社会互构的机制是指互构实践过程的综合创新机制，一般而言有情性调节机制、智性逻辑机制、意志驱动机制、实践反思机制等。由于社会生活本身存在着各个不同的“互构域”，因而还有更为具体的互构域机制。“社会互构论”关于“社会与国家的互构”的法理机制、解释机制，“国家与利益群体的互构”的结构性机制、体制性机制（力量）等讨论，涉及对具体互构域机制的探索。社会互构的条件包括多元性参与、主体性资格认可、互构情境、互构资源（意义、权力、结构、机会），等等。

（六）公民社会理论

“公民社会”是一个源于西方政治社会学的概念，由“civil society”一词转译而来，又译为“市民社会”。公民社会理论孕育于西方社会，长期以来广为西方学术界所重视。在古希腊先哲亚里士多德的《政治学》中，“公民社会”最早指的是“城邦国家”或“自由和平等的公民在一个合法界定的法律体系之下结成的伦理—政治共同体”。这一概念一直沿用到近代之前，包括中世纪的奥古斯丁、托马斯·阿奎那等基督教神学家在内的西方思想家。17—18 世纪，为了适应近代资本主义生产方式发展的要求，洛克、孟德斯鸠、卢梭等资产阶级思想家认为，人类最初是生活在无政府的自然状态之中的，但这种自然社会由于缺乏和平、安全、人身保障等，要通过权利让渡并订立社会契约的方式过渡到公民社会。“公民社会”从此获得了与自然状态相对应的含义，指的是人们生活在政府之下的一种法治的、和平的政治秩序。作为对自由竞争时期资本主义公民社会与政治国家相分离的社会现实的观念反映，黑格尔和马克思则运用“政治国家——市民社会”两分法来分析社会的总体结构，把市场经济当作公民社会的核心部分，认为公民社会是相对独立于政治国家的，主要由社会组织所构成的、不能与政治国家相混淆且不能为政治国家所湮没的非政治的社会自主领域。关于公民社会的含义，国内学者从不同角度展开了论述。例如，俞可平曾以“社会三分法”为出发点对公民社会的概念进行了界定，认为所谓公民社会就是指“国家或政府系统以及市场或企业公共领域。公民社会的组成要素是各种非政府和非企业的公民组织，包括公民的维权组织、各种行业协会、民间公益组织、社区组织、利益团体、同仁团体、互助组织、兴趣组织和公民的某种自发组合，等等。”何增科则认可戈登·怀特对公民社会下的定义：“公民社会是国家和家庭之间的一个中介性的社团领域，这一领域由同国家相分离的组织所占据，这些组织在同国家的关系上享有自主权，并由社会成员自愿地结合而形成以保护或增进他们的利益或价值。”就公民社会的结构特征及其与国家的关系而言，公民社会的结构性要素主要包括私人领域、社会组织、公共领域、社会运动等。20 世纪 80 年代，国内学者开始利用公民社会理论来研究农村村民自治，强调农村村民自治是国家之外的社会自治。自 20 世纪 90 年代以来，国内学者主要将公民社会理论作为一种建构模式对社区建设的目标、道路、方向等问题进行了研究，并形成了不同的分析视角。

首先，对主体性概念的理解。

“主体”概念古今不同，而且在不同的语域或场域有不同的解读。从传统理念的角度来看，“主体”可指君主的统治地位，如《汉书·东方朔传》中的（接舆、箕子）“使遇明王圣主……图画安危，揆度得失，上以安主体，下以便万民，则五帝三王之道可几而见也”。从一般理解的角度来看，可指事物的主要部分，如毛泽东在《青年运动的方向》中说：“革命的主体是什么呢？就是中国的老百姓。”从学术研究角度看来，“主体”又因不同的门类而派生出不同的定义。如在古希腊哲学史上，“主体”被理解为某些特性、状态和作用的承担者，亚里士多德认为“主体即实体”，就是某种属性的承担者；而马克思主义哲学中则把作为“主体”视为与“客体”相对、对客体有认识和实践能力的人；作为社会学用语，社会主体是指处在一定社会关系中从事实践活动的人及其群体如阶级、阶层、集团、民族、国家，等等。从17世纪起，主客体概念开始使用在认识论上，笛卡尔明确地把主体看作是认识过程的能动本原。黑格尔则认为主体就是“绝对精神或理念”。康德的主体论思想的核心是“人向自然立法”，表达了人作为历史的主体变革自然的意志和愿望。康德还认为，主体的人不可能认识客体事物的本质，但能认识事物的现象。费尔巴哈更是明确地把主体解释为是具有思维属性的人，但他忽视人的社会实践性，把主体理解为抽象的人或生物学意义上的人，把客体看作是整个自然界。马克思主义的诞生，使“主体”这一概念增添了科学而丰富的内涵。马克思认为：“主体是人，客体是自然。”与费尔巴哈不同的是，马克思所指的“主体”，是有头脑、能思维的从事社会实践活动和认识活动的个人和社会集团，“客体”是主体指向的对象，是实践的对象和结果。按照马克思的理解，实践和认识运动的主体就是有实践能力、认识能力，并且运用这些能力来进行实践和认识的人，客体则是主体进行认识和实践的客观对象。人本身也可成为认识和改造的客观对象，从这个意义上说，人也是实践和认识的客体，即人也需要自我认识、自我改造，把自身作为客体。总之，从马克思主义哲学的本体论来看，主体是指事物的属性、关系、运动变化的承担者和载体；从认识论来看，主体是指认识活动和实践活动的承担者。

从哲学意义上讲，人才是主体；但是，作为主体的人不仅仅是单个的人，由于人的活动性质的变化和活动范围的扩大，可以有个体的活动、群体的活动、社会的活动乃至全人类的活动，与之相应的活动主体即个体主体、群体主体和人类主体。因此，本书所涉及的社区建设进程中多主体参与、互动和互构等，将政府、企业、社团等不同的参与主体放进去，显然已经拓展了哲学意义上讲的“主体”内涵。当前，无论是在理论还是实践层面，社区建设主体多元化已形成共识，但学界对主体的认识却有分歧。如有学者提出“社区建设的主体包括政府法人、企事业法人、社团法人和全体社区成员”；类似的提法有“中国城市社区建设主体包括政府组织、企事业法人、社团法人以及全体城市社区居民”；还有学者认为社区建设主体包括“政府、社区组织、企业和个人”。有学者对于三大领域及其主体的在社区建设中的特点及目标进行比较。从宏观层面上说，“社区建设的主体”指国家、市场和社会三大领域，依次对应的是政治系统、经济系统和社会系统，每一领域都存在着相应主体并且这些主体为实现本系统的功能发挥自身各自不同的功能、作用和影响。从微观层面上说，政治领域的活动主体主要是国家（政府），经济领域的活动主体主要是企业，而社会领域的活动主体主要是社会组织。政党组织通过政治系统内的依法运作获得执政地位，并通过政府职能的履行来体现和贯彻本党的施政方针和意图。企业依法通过市场这个运作平台及市场规则与政治系统、社会系统和经济组织之间进行资源和能量的交换。各类社会组织、社会群体和公民个人通过社会这个平台交往互动，共同推动社区公共事务的多元治理，推进社会建设和发展。

社区建设主体包括政党、政府、市场、社会和居民。第一，政党。党组织是社区多中心治理的重要因素。在我国，共产党是全中国人民的领导核心，党在社会中的组织能力、资源动员能力和号召力是其他社会组织无可替代的。第二，政府。政府在社区建设中担任重要的角色，主要功能就是为社区建设提供政策法规支持、财政支撑、福利性服务、组织动员和公共安全。目前我国公安、民政、卫生、消防、交通、计生等政府部门在社区建设领域不断渗透，它们都根据自己的权力、职责在社区建设中找到参与的切入点和落脚点。第三，市场。市场主体是指在市场上从事生产和交换活动的组织和个人，包括自然人和法人。一般来说，家庭、企业、中介机构和政府都属于市场主体的范畴，但根据本书研究的需要，只把“企业”纳入分析框架，原因在于两点：一方面，作为最具活力的市场主体，企业的主体性是否完整和充分发挥，直接关系到市场经济发展；另一方面，在社区建设场域中，企业是能够有效组合各种要素进行生产并提供社区所需各种产品的最大市场主体。第四，社会。社会力量指能够参与、作用于社会发展的社会组织和居民个人。在我国城乡社区建设中，社会组织呈现多样化的局面，除了具有市场性质的各种组织之外，还包括：深具官方色彩的群团组织，如工会、妇联、共青团等；各种社区正式组织，包括社区党组织、社区居委会、业主委员会等自治性组织；各种居民活动性的民间组织或草根组织；各种志愿性质团体。由于具有民间性、公益性、自治性、志愿性、非营利性等特征，社会组织在推进居民民主自治，满足社区居民对社区服务的多元、多层次需要，丰富和规范社区居民利益和意愿的诉求和反馈渠道与机制，监督和规范政府行为，促使政府职能转变、协调居民利益，化解社会矛盾，维持社区秩序，整合社区资源，充当政府与社区居民的桥梁和纽带，增强社区凝聚力等方面具有其他主体所不具有的优势。第五，居民。将居民个人作为社区建设的单独主体来考察，原因在于：①虽然居民的任何行为在宏观上都可归于三大领域之中，但居民个人的行为并非总是与组织行为保持一致，或者说个人对其利益的理性判断及其行为并非一直符合组织的利益与行为需要，在此意义上有必要单独考察社区建设过程中居民个人行为的功能与意义；②在社区建设过程中，居民个人不仅存在参与组织的组织化行为，也存在着个体性的行为，不论是其组织化的行为还是其个体性的行为，都肩负着一定的功能，实现着一定的目标。综上所述，我国社区建设的主体在宏观层面包括国家、市场和社会，在微观层面上则指政党、政府、企业、社会组织和居民。

其次，对主体性概念内涵的阐释。

主体性是人作为主体的根据和条件，主体性表达的是人对世界的能动关系。在历史进程中，人以自己的主体性改造着社会，社会也反过来影响着人的主体性发展，主体性的体现范畴是自然、社会以及人自身，因此，主体性是主体的自然性、社会性、生理性和心理性的综合反映。马克思主义认为“人是实践的主体”，并且要求从现实、感性的出发去理解人的主体性。遵循这一原则，所谓主体性就是指人在实践过程中表现出来的能力、作用、地位以及主体在与客体相互作用中得到发展的自主、自觉、选择和创造的特性。所谓“自主性”，是指主体在不受外部控制力量的左右下，能通过独立的理性接受、判断和选择而决定自己的思想行为取向。自主性既是人的一种内在要求，又是人的本质力量的感性显现。自觉性又称“自为性”，它既是主体对客体之规律性的自觉，又是对自身内在目的性的自觉。自为性是扬弃了的自主性或自主性的展开形式。在自主性里，主体也许只知道应当做主，但不一定知道为何以及如何做主。在自为性里，主体则不仅“要做”主人，而且也的确“能做”主人，因为他的活动有了明确的科学性和目的性。在每个人的发展中，人们常常是通过“先行而后知”，进而由“自在的自主性”上升到“自为的自主性”。选择性是人之存在的主体性的重要内容，它标志人的意志自由或自由决断的性质和本质力量。在选择性里，主体能显示更充分的自由，即可以根据自身最迫切的目的来选择客体的多种必然性中最合目的性的那种作为自己实际活动的依据，因而可以做出最优决断或决策，为理论活动飞跃到实际活动架起桥梁。作为人的主体性的最高形式，“创造性”最能显示人的现实的自由自觉性。“正是通过对对象世界的改造，人才实际上确证自己是类的存在物”。因此，本书中所说社区建设过程中的政府、市场、社会和农民的主体性，是指参与社区建设的各个行动主体在与客体相互作用中表现出来的自主、自觉、选择和创造的特性。

最后，再来看“交互主体性”的含义。

交互主体性（intersubjectivity）实际上是人的主体性在主体间的延伸。从主体性到交互主体性的转变是西方哲学在主体性理论上发展变化的基本线索，以交互主体性代替主体性是当代西方哲学在主体性问题上的根本取向，这种哲学转向引发了对共同责任的关注。“交互主体性”是20世纪以胡塞尔、海德格尔和哈贝马斯等为首的西方哲学家从传统认识论、存在主义、解释学以及交往行为等理论中提出的一个新的哲学范式。作为西方哲学的一个概念，交互主体性又译为主体间性、主体际性、多主体性、共主体性、主体间本位等，它“是指主体之间在语言和行动上相互交流、相互理解和双向互动、双重融合的关系，是不同主体间在实践中形成的发展共识，是不同主体通过共识关系表现的相关性和一致性”，“主体间性是主体间关系的规定性，指主体与主体之间的相关性、统一性、调节性。”“交互主体性”的表述包含了“主体性”的基本含义，同时又强调其“交互”的特征，即主体与主体相互承认、相互沟通、相互影响。人的世界是一个交往世界，交往是主体间物质的和精神的相互联系和相互作用。人在交往实践中生存。黑格尔曾经说过，“不同他人发生关系的个人不是一个现实的人。”“交往实践是诸主体间通过改造相互联系的中介客体而结成社会关系的物质活动。”主体性是“主体—客体”关系中的主体属性，交互主体性是主体间关系中的内在属性。处于交往关系中的人的主体间性是一种“构成主体性普遍网络的交互主体性”。交互主体性的发展同主体性的发展在历史的逻辑上基本是一致的。马克思所说的“人的依赖关系”“以物的依赖性为基础的人的独立性”“建立在个人全面发展和他们共同的社会生产能力成为他们的社会财富这一基础上的自由个性”，这三个社会和人的发展阶段，既是人的主体性的三个发展阶段，也是人与人的交互主体性的三个发展阶段。从马克思主义的交往理论来看，交互主体性就是主体之间的相互理解和彼此融合，在尊重的基础上达成不同主体间的共识。

本章的核心概念为“主体性互构”，包括三个主要观点。一是走出传统观念中社区共同体认识的误区，把社区生活共同体重新界定为既满足公众家庭生活需要又满足其公共生活需要的日常生活世界，即私人生活领域和公共生活领域的“重叠”。传统的社区共同体概念是指个体之间、家庭之间在频繁交往中、彼此互助中所形成的紧密关系，它的关注焦点是在假定“政府不在场”和“市场不在场”的条件下个体如何通过建立属于他（她）自己的社会关系网络，从而摆脱“原子化”的生存状态，实现社群认同和社会整合的目标。由于传统的社区共同体概念未把政府和市场纳入分析视野，忽视政府和市场在社区建设中的作用，因此往往会陷入“有社会、无政府、无市场”的认识误区。而中国社区建设的事实经验表明，社区是一个政府提供公共服务、市场提供商业服务、社会提供志愿服务的“政府在场”“市场在场”“社会在场”的多主体互动场域。中国社区建设的目标是要把社区建立成为“管理有序、服务完善、文明祥和的新型社会生活共同体”，说明社区是公众的生活世界，是私人生活领域和公共生活领域的“重叠”，从而彰显了社区建设的公共性。二是走出国家单独建构的误区，重新建构社区生活共同体的生成机制，即社区建设是政府、市场和社会共同建构社区共同体的过程。社区建设场域中政党、政府、市场和社会等行动主体拥有不同的资源，而社区共同体的建设不是政党、政府、市场和社会中任何单一的行动主体可以建构的，必须充分发动多方力量，有效整合政治资源、经济资源、社会资源和文化资源，把社区建设看作政府、市场和社会共同建构的过程，也即社区建设是多元主体的“同构”。三是要重新建构社区建设主体间关系，把社区建设看作政府主体性、市场主体性和社会主体性“交互建构”的过程。“主体性互构”理论认为，生活世界是人们通过实践活动与创造活动所生成的主体间世界，并因交互主体的建构呈现出交互主体性。作为满足人类生存需要的日常生活共同体，社区是一个与他人“共在”的生活世界。中国社区建设进程中行动主体的多元性为政府主体性、市场主体性、社会主体性交互建构提供了实践场域。在共产党的领导下，以社会责任为基础，充分发挥政府主体性、市场主体性、社会主体性是中国社区建设道路的本质特征。其中政府主体性表现为政府履行社会责任，包括塑造先进的社区理念、引领公认的社区价值观、创设公平的社区制度、提供均等的社区公共服务、激励企业和公民的社区参与，增强国家对社会的整合能力；市场主体性表现为企业履行社会责任，包括增强社区商业服务能力、为社区提供优质服务、开展社区公益行动；社会主体性表现为公民履行社会责任，包括增强公民意识、发展志愿精神、开展志愿行动、增进社区认同、增强社会自治能力和发展基层社会民主。政府主体性为社区带来公平与正义，市场主体性为社区带来资源与效率，社会主体性为社区带来活力与团结。总之，“主体性互构”理论认为：“以社区建设为路径，以社会责任为基础，按照‘权随责走、费随事转’的原则，在建构社区共同体的同时，完成政府主体性、市场主体性、社会主体性的相互建构，从而使我国走上民意政党、公开政府、公民企业、公民社会的良性互动，经济与社会的协调发展，这正是我国社区建设最大价值之所在。”

一、“主体性互构”理论的价值

（一）搭建了融合中西社会思想的新理论

一方面，作为一种本土理论，“主体性互构”吸收了中国传统文化的精华。尽管传统文化中并没有明确提出“交互主体性”这一概念，但在千百年来的日常生活实践中，人们形成了注重“关系”的人伦文化传统，而这种“关系”就是生活世界中人和人之间的交互主体关系。而且，儒家文化中的仁学理论也包含着丰富的交互主体性思想。“仁”的基本含义表明人与人之间的交往并非是单向的，而是双向的，即“交互性”的。同时，“仁”要求人们用交互主体性原则处理人伦关系，主张处于交互性关系中的主体都应以他人的存在为前提，并且应像爱护亲人一样对待他人。重视交往过程中的情感因素是中国人伦文化的最大特点，这与现代西方社会强调的理性交往也是有差别的。另一方面，“主体性互构”借鉴了西方哲学和社会现象学中有关“主体间性”“生活世界”“互为主体性”等思想。例如，舒茨把“互为主体性”作为一种解读模式，用来解释社会互动中行动主体之间的实然关系。他认为应把生活世界放在社会互动的过程中来考察，行动主体之间以互为主体而发生关联，正是行动主体之间的“互为主体性”才使生活世界得以构成、变得可能。只有理解行动主体之间的“互为主体性”，我们才能理解真实的人类世界，才能理解生活世界是一个“活的”生命世界。近年来，国内学者尝试将“互为主体性”作为一种建构模式，用来建构社会互动中行动主体间的应然关系。如国内学者沈红将“互为主体性”作为一种建构模式，通过反思社区扶贫中穷人主体性缺失问题，进一步讨论在政府—市场—民间社会的关系框架中建构穷人主体性的意义。所有这些都表明，“互为主体性”已经成为一个极具影响力的概念、一种有效的分析工具以及一种独特的理论派别。

（二）提供了生成公民意识的新机制

走入21世纪，我们面对的是一个希望与危机同在、正价值与反价值共生、全面与片面并存的生活世界。在重建物质与精神、科学与信仰相统一的生活世界的进路上，调适稳定的健康心态，找到适合于中国国情的、有效的解决路径是最为要紧的任务。从中国现代化进程看，21世纪的中国，在基本实现经济现代化的基础上，现代化进程也由经济现代化转向社会现代化。社会现代化本质上是人类生活方式的革命，是人类对生活质量、社会福利、社会公平、社会责任的期盼和关注。在生产与生活的关系上，人们以获取物质财富为目的的生产本位论转向以提高生活质量为目的的生活本位论，关心生命、注重健康成为人们追求的生活方式；在效率与公平的关系上，人们更加关心社会福利与社会公平，贫富差距问题成为公众关注的焦点：在权力与责任的关系上，人们对社会责任、社会公德更加关注。政府官员腐败、政府服务能力、企业社会责任缺失和社会道德滑坡也同样成为人们广为关注的热点问题。面对这一趋势，人们期待公民社会和公共领域出现，渴望公民意识的形成。“主体性互构”所构建的交往空间是平等自由的交往空间，是由交往主体进行自主选择、自主控制、促进主体不断自我更新的交往空间，为充分发挥人的主体性、实现主体与主体之间交往的交互主体性、为人们“个体性”走向“公共性”提供了生成机制。

（三）开创了分析中国社区建设的新视角

从目前世界各国的实践经验来看，任何一个国家的社区建设和社会发展都是政府行动和社会互动的过程，不存在单方行动。尤其是20世纪90年代以来，欧美发达国家掀起政府改革、新公共管理和新公共服务浪潮，开展社区重建行动，即从国家主导的政府行动转向国家倡导的社会行动。中国把世界社区发展经验与自身国情相结合，部署了“在党和政府的领导下，依靠社区力量，利用社区资源，强化社区功能，解决社区问题，促进社区政治、经济、文化、环境协调和健康发展，不断提高社区成员生活水平和生活质量”这一社区建设的国家战略。然而，由于现实中存在政府主体性强、市场主体性缺、社会主体性弱的困境，导致我国社区建设效率不高、活力不足。“主体性互构”理论认为，社区建设过程是政府主体性、市场主体性、社会主体性相互建构的整体性实践，而不是单一主体性所进行的单一实践活动。在“主体性互构”视域下，农村社区建设进程中政府、市场和农民都是具有独立自主、主观能动性的主体，他们之间不是支配与被支配、控制与被控制的关系，没有高低贵贱之分，他们的人格尊严平等、在社区建设活动中地位平等。通过构建社区建设中的交互主体性，其基本的价值取向在于正确处理好互为主体的主体间关系，其核心内容是参与主体间如何相互理解、协调并达成目标的一致性，寻找达成目标一致性的路径。

二、“主体性互构”理论与农民主体性建构

（一）农民和农民主体性

1. 农民

中国是农业大国，从某种意义上说，中国人都具有浓厚的农民情结。有人甚至认为，不了解农民就难以了解中国，可见农民这个群体对于国家生存和发展所具有的特殊意义。对农民概念的界定是本论文研究的逻辑起点，只有明确农民自身的特点、内涵和发展规律，才能科学认识现代化进程中农民主体性发展中的若干问题。从学理性上来讲，农民的内涵并不是一成不变的。一是角度不同，对农民的定义就不同。如以从事职业的角度来看，农民是以土地为主要生产资料、长期从事农业、林业、牧业、副业和渔业生产的劳动者；以社会身份的角度来看，农民是受固化的二元社会结构和严格的户籍管理制度控制的，无法与市民一样享受同等社会福利的社会地位较低的群体；以文化角度来看，农民是受传统农业文化熏陶的农村社会群体。二是各国的国情不同，对农民的定义也不同。特别是发达国家和发展中国家的农民有很大的差异，而且农民的社会地位、社会角色、社会属性和社会心理等也在不断地发生变化。仅就我国而言，中华人民共和国成立 60 多年来，农民就经历了多次历史性的演变，尤其是改革开放以来，我国的经济、政治、文化及社会等各个领域都经历了巨大的变迁，农民不再仅仅是一个内涵单一的身份指称。基于上述情况，本书对农民的界定以中国的国情为主，同时参照国际标准，将农民定义为：持有农村户口、以农业生产为经济来源的、居住在农村社区的、深受传统文化影响的社会群体。

2. 农民主体性

在马克思主义哲学上，主体性（subjectivity）是指人在实践过程中表现出来的能力、作用、地位以及主体在与客体相互作用中得到发展的自主、自觉、选择和创造的特性。而“农民主体性”就是指农村社区建设进程中的农民在政治领域、经济领域和社会领域等层面所表现出来的自主性、自觉性、选择性和创造性。具体来说，自主性就是农民在现代农业发展和新农村建设中所表现出来的主动性，农民能够以主人翁的意识和要求参与社会活动，能够自主选择自己的职业、劳动方式和经营方式，能够自主支配自己的劳动对象和劳动成果，能够自主选择进入市场的时机和方式，并积极参与市场管理和竞争，能够自主参与农村基层政权组织的民主管理和自

我管理的权利；自觉性就是农民在农村社区建设中所体现出来的自为性和能动性，农民能自觉尊重和利用客观规律，把握政策动向，具有强烈的追求和进取心，能够利用现代科学技术推动自身发家致富和农村现代化建设，以期望改善自己的革新精神；选择性就是农民面对现代农业发展和农村社区建设中所呈现出来的纷繁复杂的必然性，能够根据自己的需要独立地做出恰当的权衡；创造性就是农民在现代农业发展和农村社区建设中所彰显出来的创新精神、创造能力以及取得的创造性成果，创造性是农民的自我完善与发展，是农民主体性的最高形式。

（二）现阶段充分发挥农民主体性的必要性和意义

1. 充分发挥农民主体性是推动农村社区建设的基本保证

自农村社区建设试点开展以来，各省市坚持从实际出发，积极探索，大胆试验，在政府、市场与社会的合力推动下，从总体上来看确实取得了积极的进展。但是，由于农民主体性缺失等原因，导致了有些地方出现了类似20世纪30年代那样的“乡村运动而乡村不动”的尴尬境地，存在政府主导性强而社会参与不足、农民群众主体性缺失、创新热情和激情难以得到发挥等实践误区。尽管农村社区建设离不开国家政策的支持和政府的引导，也离不开城市对农村的带动和工业对农业的反哺。但是，国家的政策、政府的引导、城市的带动和工业的反哺毕竟只是外界因素，它们能否发挥积极作用，最终取决于社区建设的内生力量。如果农民没有自觉参与的意识，缺乏积极的行动措施，上述外因的力量再大，也不可能真正实现社区建设的宏伟目标。因此，培育并充分发挥农民主体性工作是推动农村社区建设的当务之急。

2. 充分发挥农民主体性是构建公民社会的内在要求

从社会发展的角度来看，现代化最根本的是人的现代化，而人的现代化最核心的内容是培育人的主体性。从世界范围的发展趋势来看，内在体现人的主体性成长要求的公民社会不仅是现代化发展的内在要求，也是现代社会形成的主要标志。从整体的社会结构来看，只有培育出作为集主体性与主体间性于一身的现代公民——既有追求自由、平等、自主的个性，又兼具合作、协商、宽容的美德，才能够提供支撑这种社会变革的民众基础。从上述意义上来说，如何通过培育和发挥农民的主体性，使占中国人口70%、世界人口16%的中国农民成功转变成能够自由发展的、具有自生能力和主体地位的公民群体，对正处于现代化进程中的中国更具重大意义。

（三）主体性互构视角中的农民主体性建构

同城市社区建设一样，我国的农村社区建设也是一场国家主导、多主体参与的集体行动过程，走的是一条共产党领导、政府主导、市场介入、社会参与的社会现代化道路。“政府在场”“市场在场”“社会在场”使建设中的新型农村社区处于“国家化过程”“市场化过程”“社会化过程”的交替之中，农村社区共同体成为国家（各级党组织、政府机关）、市场（各类企业组织及个人）、社会（各种群众自治组织和社区社会团体、社区居民）都在其中的“混合领域（第四领域）”。政府主体性、市场主体性和社会主体性在这个“混合领域”中交互建构，共同打造新型社会生活共同体。

在农村社区建设的行动场域中，政府、市场、社会都是理性的行动者，都具有独立的思考能力和行动能力，在行动者互动场域中它们都有各自不同的价值取向和利益追求，而这些利益追求都会直接或间接影响到它们的行动策略。农民是被改变得最多的阶层，是牵涉利益最多的群体，他们必然有最强烈的利益诉求和主宰自身命运的愿望。农民不是也不应该是被动的被改变的对象，而应当是主动的实践主体。利益是农民参与社区事务最重要的驱动力。农民采取参与或者不参与的行动策略，是与其能否从参与中获得利益和能获多少利益息息相关的。“行动者”假设还认为，任何一个行动主体，无论采取何种策略都会受到对方（另一行动主体）的影响，采取何种策略需要把行动者放在一定的社会关系中来考察。因此，探讨农民在农村社区建设中参与不足、主体性缺失等问题，不仅要从农民自身寻找问题产生的根源，而且还要考察农民所处的社会结构对其有哪些影响。

因此，为了解决农村社区建设进程中农民主体性缺失问题，把“主体性互构”理论作为分析工具，并使其成为统领全书的灵魂。首先，根据所查阅的文献资料和在实地调研中所掌握的农村社区建设情况，梳理农村社区建设进程中农民主体性缺失问题：其次，根据“主体性互构”理论的核心假设和条件预设，在本章把宏观分析与微观分析相结合，在宏观上从国家与社会的关系、城乡关系、经济和文化的关系出发，微观上从农村社区建设场域内政府、市场、社会和农民的关系几个维度出发，探讨导致农民主体性缺失问题的结构性因素。我们认为，长期以来，我们在国家与社会的关系上，国家强势而社会弱势；在城市与乡村的关系上，城市强势而农村弱势：在经济与文化的关系上，重物质发展而轻精神建设。与这三个不对称的社会结构相联系，在城乡基层治理结构中存在政府部门主义、市场利己主义和社会组织发育不足等治理主体的角色错位与力量失衡状况，从而导致社区建设场域中行动主体间自主性发展不平衡、行动目的不一致、主体责任不明确、利益关系不协调等集体行动的困境。而正是由于尚未具备实现“主体性互构”格局的预设条件，农村社区建设过程中农民主体性缺失问题才成为一个普遍问题。然而，在农村社区建设的场域中，农民主体性建构不能依靠某一个行动主体单向建构，只有在政府主体性、市场主体性、社会主体性交互建构的过程中才能得以实现，即只有满足了“主体性互构”的四个前提条件，具备“主体性互构”的环境和机制，才能达到农民主体性建构目标。依据这一认识，应该提出建构农民主体性的可行路径与对策选择。

第三节 农民主体性缺失问题实证考察

主体参与是行动主体确立其主体性地位的重要保证。本节将根据查阅的文献资料和实地调研所掌握的情况，通过梳理农民在土地流转、拆迁并村、社区规划、集中居住、社区公共服务、社区日常事务等方面的认知情况和参与困惑，拟对农村社区建设进程中农民主体性问题及其多样性特征进行分析。

一、 考察逻辑与测量指标

参与是人的主体性发挥与发展的重要体现，农民参与也就是农民在实践活动中发挥其自主性、能动性、选择性、创造性与社会性的体现。在农村社区建设过程中，农民不仅仅是社会管理和社区服务的对象，还应该是公共管理与社区服务的参与者和享受者。因此，社区公共服务体系的完善与农村社会生活共同体的重建都离不开一个核心的变量——农民的参与，没有农村居民的参与，就不能实现农村新型社会生活共同体的重建。

（一）参与的含义与功能

我国《现代汉语词典》把“参与”解释为“加入某种组织或某种活动”。在西方语境中，“参与（participation）”又称“介入（involvement）”，是一个连续体的变化过程，不同的个体投入活动的能量随着时间和目标的变化而变化；参与既有生理能量的投入，也有心理能量的投入，在成分上是量与质的统一。

正如马克思主义把人的本质理解为“一切社会关系的总和”，参与是产生社会性（相对于个体性而言）的前提，是人与人之间合作、交往的必要条件，个体的参与方式在人类社会的发展和演变过程中具有重要的作用。从社会学的角度看，参与是氏族、部落、家庭、社会、民族、国家等形成的基本前提，是以交往为核心的社会关系形成的基础，正是参与才形成了强大的社会合力。从心理学的角度看，参与是人们发展自己、表现自己的重要途径，是人基本的精神需要之一。从发生学的角度看，参与起源于人的生存需要，单个个体在自然面前是无能为力的，只有通过男女之间的结合以及建立在这种结合基础上的群体关系，才能以整体的力量与自然威胁相抗衡。从文化学的角度看，以参与为基础的交流使物化的文化形态活化了、发展了，因此可以说，人类的一切文明成果都是人们直接或间接参与的结果。

（二）广度与深度：社区居民参与水平的测量指标

社区参与一直被视作西方民主社会自治精神的基本体现。1830年，托克维尔对美国社会政治生活的考察成果《论美国的民主》使美国成为西方民主社会的典范，其民主制度的核心要素之一就是公民参与。托克维尔指出，参与社会管理、平等行使政治权利是民主社会的重要特征，公民的参与使社会充满生机与活力。因此，社区参与通常肩负着实现社区自治、促进民主政治发育的理想主义使命。

一般来说，社区居民参与的广度和深度是衡量社区参与水平的常用指标，是反映社区居民主体性高低的重要标准。那么，何为社区居民参与的广度和深度？参与广度一般由参与的人数和范围来确定，即参与的普遍性，是衡量公民参与量的纬度；参与深度是指公众参与的层次高低以及参与过程中产生的影响力和持续性，即参与的有效性，它是衡量公民参与质的纬度。

社区生活本质是社区利益相关者之间的合作伙伴关系，社区治理是社区利益相关者之间合作治理社区公共事务的过程。然而，在现实生活中，并非所有的利益相关者都会同时参与某类社区公共事务的治理。一般来讲，在参与的广度上，公共空间范围、制度安排、技术条件、公民意识等因素，往往会影响实际参与某类公共事务治理过程的行动者的数量，而社区公民参与深度的因素则与社区性质、社区公共政策属性和居民的参与素养三个变量有关。首先，不同的社区性质影响了社区参与的深度。行政型社区以行政型社会资本为主，公民参与受到行政方面的严格限制，参与意识和参与行为严重缺乏；共治型社区、自治型社区和参与型社区社会资本丰富，公民参与意识强烈，参与行为积极，参与条件成熟，参与能力较强；自然型社区居民往往以个人利益为中心，无心顾及社区的公共事务，这类社区公民的参与水平非常低。其次，社区公共政策属性对于公民参与深度具有决定性意义。一是公民参与的深度取决于公共政策本身的一些性质和内在要求，一般来说，公民参与的深度与公共政策制定的专业性程度、技术含量、保密程度、规制限制程度成反比，与预算成正比。二是公众对公共政策的接受度和认同度越高，与政策利益关系越紧密，则参与热情越高，参与方式越积极，参与深度就越高；反之则参与程度较低。三是居民的参与素养是影响社区居民参与深度的关键因素，而居民的参与素养包括其参与意识、参与热情和参与能力等几个方面。

（三）调查样本的基本情况分析

2011 年 5 月到 10 月，很多调查人员参与了贵安新区有关城乡社区建设一体化建设的课题研究。在样本社区的选择上，以集体抽样的方法，共抽选了当前进行农村社区建设的 TS 社区、HS 社区、HD 社区、DG 社区、CH 社区、LK 社区、SZ 社区、GD 社区等 8 个社区。在调研方法上，一是运用实地考察法，通过实地考察 TS 社区、DG 社区、HS 社区、GD 社区、SZ 社区、LK 社区、HD 社区、CH 社区等 8 个新型农村社区服务中心的空间布局与功能布局，了解贵安新区社区公共服务设施和服务项目的供给情况。二是运用数据采集法。收集由贵安新区相关部门提供的资料，包括各社区的基础数据及相关制度、社区组织活动的相关记录。三是运用访谈法，先后与贵安新区民政局，8 个试点社区所在的乡镇、村级领导干部和负责人以及与农民沟通，展开大量的访谈，了解他们对农村社区建设的真实感受和看法。

二、 农村社区建设中的农民认知状况

在前后两次的调研过程中，一方面感受到了贵安新区城乡一体化建设给农村和农民带来了日新月异的可喜变化，另一方面也发现了农民在农村社区建设中存在积极性不强、参与性不高等主体性缺失现象。以下将从农村社区建设的认知和参与社区建设的现状两个方面进行分析和梳理。

（一）“不愿转”：被安排的土地流转

为实现特色农业的产业化，必须有适度的规模经营推动土地流转，使土地恢复

作为农业生产资料的基本功能，在此基础上实行规模化、产业化运作，必将极大地提高土地的利用效率。因而，进行土地的适度流转势在必行。这里的土地流转主要指，在新农村社区建设背景下，通过政府、村集体或市场中介组织进行土地征用流转，不包括村私下流转。从数据统计来看，有一半左右的农户家庭已部分或全部将土地流转。土地流转的现实决定我们必须将其作为一个基本的分析变量来考察村的生产和生活状况。

在贵安新区的深度访谈和实地观察也显示，目前农村愿意种田的人多为50—70岁的中老年农民，他们的子女（80后和90后的年轻人）大多数不愿意种田。问卷调查中在问及“你们家的孩子（18—30岁）愿意种田吗？”这一问题时，不愿意种田的年轻人占81.5%，愿意种田的仅占18.5%，青年农民的种田意愿较低，可见土地流转是大势所趋。

但是，现实中多数农民却不愿意土地流转。对“您愿意把土地流转出去吗？”这一问题的回答中，只有少数村民选择了“愿意”，而选择“不愿意”的占多数。可见，多数农民是不愿意土地流转的。

那么为什么土地流转出去了呢？针对“您家把土地流转出去了，原因是什么？”这一问题，占59.7%的村民选择“集体需求将土地出让，我没办法”这一选项。选择“看别人流转了，我也就流转了”占11.3%。可见村民土地流转出去的主要原因是村集体的要求，村民“被迫流转”。

在访谈中我们了解到土地流转中发生了各种各样的纠纷和矛盾，并且原因复杂。在针对纠纷原因的问卷调查中，其中选择“赔偿不合理、租金太低”“村里强制要求流转”和“对合同条款不满意”的较多，分别是31.7%、27%和19%。另外还有“没有签订合同”“没有及时发放租金”等原因的，分别是6.3%和9.5%。

从分析中可以看出，基层政府对土地流转行政干预大、收益分配不合理、不规范、补偿标准低、农民权益没有得到合理保障等是土地流转中存在的主要问题。

为了了解农民对土地流转制度的认知情况，调查组特地设计了这样一道问题：“在30年承包期内，发包方不得收回承包地，不得调整承包地，即使自然灾害需要适当调整的，必须经本集体经济组织成员多少比例以上的村会议，经村民代表的同意，并报上级部门的批准才行”。其中占59%的被调查者选择“不知道”或者回答不正确。对于“乡村干部是否在村里宣传过土地流转的相关法律知识？”这一问题，其中占67.9%的人回答“没宣传过”。由此可见，多数农民不知道重要的土地流转制度。其原因可能是乡村干部没有在村里宣传过土地流转的相关法律知识，或者是宣传得不到位，没有让农民领会。

在上文中，简单分析了被调查农民总体上对土地流转的意愿。那么，与流转现实相关的，在流转户与非流转户之间，他们的态度和评价又是否相同呢？

首先，农民对土地所有权属于国家还是个人并不清晰。依照国家法律规定，土地属集体所有，村民个体只享有使用权。而在问卷调查或深度访谈中发现，至少有三分之一的农民认为土地应归他们自己所有，这种认识导致他们对土地的依赖和诉求更为强烈，因此，一旦土地的流转或征用未能达到他们的预期，就会产生强烈的相对剥夺感，“不愿转”的心态尤为突出。当然，也有至少三分之一的村民认为土地属于国家，认为如果国家要征用土地，自己也没有不退让的理由。由于对土地所有权的理解不一，造成农民对土地的态度不一，这是我们在处理土地流转问题时必须考虑到的，而明确土地所有权的归属，让农民知道国家有关土地流转的法律，对于保护农民的切身利益的也有非常重要的意义。在调查中，笔者问及相关法律知识的宣传情况，只有少数村民接收到相关信息，在对村民是否熟悉相关法律知识的检验问题中，只有村民回答正确。这些凸显了村民保护自我利益的意识和能力薄弱的问题。

我们认为，在土地流转过程中，务必坚持“三个应该”原则：一是应该尊重农民的主体地位，坚持依法自愿有偿流转土地，实现土地收益最大化；二是应该实现农民、农村社区集体经济组织、企业、政府之间的利益平衡；三是应该实现农村社区集体福利的持续改善和农民幸福感的合理提升。土地流转只有满足“三个应该”，才能实现经济效益并能够兼顾社会公平。因此，应该把“三个应该”原则作为土地流转制度安排和实践操作的根本价值取向。

（二）“不想住”：尚未适应的集中居住

要提高公共服务的供给效率，首先要实现居住方式的小区化和规模化。因为公共服务供给的内存和规模是由人口的集中程度来决定的，如果达不到一定的人口规模，或者人口居住过于分散，公共服务的供给难度就会加大，无法发挥社区公共服务资源的规模效应，导致资源浪费和效率低下。只有居住集中化了，人们的公共需求才会出现一致性和集合性，公共服务的规模化配置才有可能。与城市社区相比，我国传统农村社区呈现出人口居住相对稀疏、分散，人口密度较低等特征，而这种分散性对于公共服务的均衡性供给会带来一定的影响。因此，通过使农民集中居住来达到公共服务供给中的“效率与公平”是进行农村社区建设的内容之一。贵安新区政府明确提出“农村人口向城镇集中、居住向规划社区集中、工业企业向园区集中”，通过使村民集中居住来实现公共服务供给中的“效率与公平”。居住小区化和集中化，一方面有利于改善农民的生活居住条件，另一方面有利于降低基本公共服务产品的供给成本。例如，该社区于2009年5月起开始启动“迁村腾地，农业产业带动”的模式推进人口集中。在人口集中的基础上建造农民新村，农民告别传统居住方式，住进现代楼房，实现居住方式变革。

比如贵安新区中DG社区是以村为基础的，巨大的“社区”石碑立在公路边，大气耀眼。一条南北走向、15米宽的社区主干道构成社区的中轴线。站在石碑前，放眼向社区内部望去，只见一排排新式住房和一个社区广场，广场面积很大，足有5000平方米，整体设计左右对称，中间开阔平坦。广场左侧建有篮球场、宣传栏、休息长凳，右侧有健身器材、宣传栏、休息长凳，并配有路灯、垃圾桶等设施。广场南侧便是四层楼的社区服务中心。社区服务中心处于中轴线的中间，居住区有序地分布在社区服务中心的四周。社区服务中心已投入使用，一楼为社区一门式服务大厅和社区警务室、社区卫生室、社区残疾人康复室，二楼为社区组织办公场所，三楼为社区图书室和居民活动室，四楼为一个多功能培训室。社区服务中心主体建筑左右两边为社区广场、篮球场、健身房，方便社区居民健身、娱乐休闲。社区规划建设400亩、800套具有云南昆明乡村特色的民居。集中居住区已投资2830万元，建成居民住宅，107间商铺和配套的市政设施（包括路网、水网、电网、气网、广播电视网、互联网、绿化带等）。屋顶安装了太阳能的，是已经入住的；房前堆放建筑材料的，是正在装修的。居住区的房子和空间布局是城里人羡慕不已的。联体式或分离式房屋都采用新式设计，配有2分地大小的菜园，几乎每家门前都配有一个垃圾桶和路灯。社区内道路通畅、绿化面积大，围绕在社区广场周围，村民活动空间充足。居住区外有一条流淌的小河，村民经营的田地里有果树、棉花、油菜、麦子等，油菜、麦子已经成熟，犹如一幅景色迷人、让人喜悦的乡村山水画。

集中居住区建成有较高品质的住房、优美的环境、完善的配套设施及便利的交通条件，这无疑对村民有极大的吸引力。村民的集中居住意愿说明了这一点，有占总数71.8%的村民表示愿意到集中居住区居住，而我们的调查对象中就有三分之一在集中居住区居住。

那么，集中居住区的居民与其他居民在对生活环境的评价上是否存在显著差别呢？通过对居住条件（环境卫生、基础设施、公共服务等）和居民关系（邻里关系、干群关系等）的分析，结果肯定了这一判断。在环境卫生的评价上，集中居住居民的总体满意率超过 50%（“非常满意”和“比较满意”之和），而村湾居民的满意率只有 30%。社区集中居住区基础设施和公共服务改善后，农民的居住环境和条件得到不少改善，使村民对集中居住的认同率远远高于分散居住的认同率。

在基础设施的评价上也存在相似情况。集中居住区居民的总体满意率超过非常满意和比较满意之和，而村湾居民的满意率只有 20%。

在干群关系上，集中居住区的村民表现要好于自然村湾的村民，特别是在“非常满意”这一选项上，集中居住区达到 15%，而村湾只有 6.9%。居住条件的改善，村民认为有很大一部分应归功于村干部的作为和付出（或是得益于村干部的照顾），所以出现这样的状况就可以理解。

从总体来看，村民对于集中居住的满意度较高，也在一定程度上说明了在农村社区建设过程中推进集中居住的合理性。但是在对集中居住区的村民进行访谈时，得到的大多数答案却是“不想住”，原因是集中居住在带给农民居住环境“不一样的感觉”的同时，也给农民带来一些生活上的“不适应”。许多农民反映，集中居住后，生活习惯还不太适应。一是离自己的耕地较远，不方便田地劳动，农具、粮食等也不方便存放。二是日常开销增多，生活负担加重。“要是住在村湾，吃菜烧饭用水都不用花钱。可是住到这里（指集中居住区），这些不买就吃不成，还很费钱。”（LK 社区居民）三是对社区的管理方式不理解。例如，在交纳物业管理费方面，由于许多农民的动迁是“被安排”的，现在还要他们交这项以前从来没有听说过的费用，自然持排斥态度。不少农民以前在村湾居住时有自家的菜园，习惯于自给自足的生产方式，集中居住以后仍然难以摆脱对土地的依赖，觉得在社区内种植花草是对土地的浪费，还不如种植蔬菜更为实惠，因此对社区绿化持反对意见。

（三）“不交往”：新居住地的人际疏离

农民的社会交往主要指村民与其他个人、社会群体或组织之间的交往范围和深度，是农民参与的重要组成部分。村民的社会交往可分为初级群体之间的交往和次级群体之间的交往，其中，初级群体的对象指与村民日常生活来往密切的朋友、亲属、邻里等，交往的形式虽然松散但交往频率高；而次级群体的对象指一些有一定规模和门槛限制的组织，这之中的交往形式较为规范，频率也不及初级群体。如果用“强—弱关系”理论来理解，那么初级群体交往就意味着“强关系”，农民的社会依赖和社会认同主要建立在这种强关系里面，次级群体虽然是一种“弱关系”，但却潜藏着更多的机会和资源。

正如国内有些学者对农民市民化进程的调查所说，“顷刻间的征地动迁大多是以单个家庭为基础，当居民的住房发生迁移之后，邻里关系开始重新组合，旧的邻里关系由此解体，而新的邻里关系又一时难以建立。”虽然集中居住后农民可以重建自己的社会网络，但实际上这不是一时可以做到的，尤其是对老年人来说，一辈子培养起来的社会网络和心理认同可能会因地理空间的拉大而瓦解。即使是年轻一些、适应能力强的农民，到了新的居住环境以后，也不得不花费很长一段时间和大量的精力来重新建立各种网络关系和培育新的生活结构。在调查中发现，农民集中居住后虽然并不是完全不认识自己的邻居，但大多都只是点头打招呼、偶尔说话的关系，能够和新邻居保持经常来往的只有四分之一左右的家庭。

根据对集中居住区农民的社会交往调查发现，尽管他们的居住空间改变了，但在社会关系交往范围上仍未走出传统差序格局所限定的以偏好血缘、地缘为主的交往模式。社会交往对象不仅相对单一，而且交往范围非常有限，主要为家人、亲戚、邻居、朋友等。

在问卷调查中，共设计了 8 项与村初级群体参与相关的活动，其中除庙会庆祝活动、宗教活动、上访等三项的参与度很低之外，村民在亲属、邻里、朋友、家族等互助和娱乐活动的参与度很高，平均达到了 50% 以上。

在村民的依赖测定上，调研人员设计了这样一个问题：当遇到困难的时候，您会找谁帮忙？从回答的数据统计上看，一半以上的村民都选择了“朋友”和“亲属”这两个对象，另外约 17% 的村民选择了“村湾邻居”。相比而言，对“村干部”和“文体组织成员”的依赖度则小得多。这说明村民的依赖依然以初级群体为主。

费孝通先生在《乡土中国》一书中认为“差序格局”构成农村传统社会结构的基本特征，“在差序格局中，社会关系是逐渐从一个一个人推出去的，是私人联系的增加，社会范围是一根根私人联系所构成的网络”，“这个网络像个蜘蛛的网，有一个中心，就是自己。”因此，它具有“丢石头形成同心圆波纹的性质”，“一圈圈推出去，愈推愈远，也愈推愈薄。”其中，构成差序格局之纽带的就是血缘关系。血缘和地缘的合一，构成了传统农村社区自给自足、内向封闭的原始状态。“中国乡土社区的单位是村落，村与村之间的关系是孤立和有隔膜的。乡土社会的生活是富于地方性的，地方性是指他们活动范围有地域上的限制，在区域间接触少，生活隔离，各自保持孤立的社会圈子。而村落内部人们从相互熟悉到信任，在一定区域范围内形成村庄共同体。”传统社会资本是指以家庭、家族等延续而形成的血缘和地缘关系为核心、建立在特殊信任基础上的，主要依靠伦理道德来调节的社会资本。小农经济的生存方式不可能在其内部产生任何精细明确的分工，因而也不可能产生出任何丰富的社会关系，他们只能把社会关系建立在自然的、初级的亲缘和地缘关系之上，或者说只能以亲缘关系作为他们重要的，甚至唯一的社会关系。农民基于社区规划的统一安排实现了集中居住，但他们的交往圈子仍未摆脱原来的血缘和地缘关系。同时，在传统的村落社会中，由于农民长期的共同生活，邻里关系密切，地域归属感强，长期互动所形成的社会网络、社会关系是以传统村庄的血缘、地缘关系为纽带展开的，承载着人们相互信任、帮助、交往等的社会功能；动迁至集中居住区后，重建新的邻里关系尚待时日，两者之间的巨大差异必然会导致社区归属感与认同感的降低。

三、 农村社区建设中的农民参与困惑

（一）公共服务需求与“等、靠、要”思想

农村社区建设必须要满足的基本前提之一就是能够满足农民的基本需求，这些需求包括农业的增长、农民的增收和农村基本公共服务改善等方面。只有以农村居民的公共服务需求为导向，才能实现服务供给与居民需求的有效对接。农村社区的公共服务主要包括两个层面，一是生产性公共服务，二是生活性公共服务。前者主要是指农业基础设施建设、农技信息服务、农业生产保障等内容，带来面上的特性，在农民个体身上的区分度不大。后者主要指与农民生活密切相关的生活设施、政策咨询、社会保障、文体娱乐、公共安全等方面的内容，既带有公共性也有较强的个体性。因此，在分析对于生产性公共服务主要考察面上的需求和供给情况，对于生活性公共服务主要从社区服务中心的建设来考察居民的满意度情况。

（二）提高社会保障的需求

所谓基本公共服务均等化，其实质在于政府要为全体社会成员提供基本而有保障的公共产品和公共服务，就是要让全体社会成员享受水平大致相当的基本公共服

务，以促进社会公平正义，使全体人民“学有所教、劳有所得、病有所医、老有所养、住有所居”。实际情况恰恰相反，由于政府没有提供足够的公共服务，或者已提供的社会保障覆盖面窄，保障的水平也过低，因而不能满足他们的需求。例如，农村最低生活保障和国家救济只能惠及少数农民，大部分农民仍然被排斥在现代社会保障体系之外，仍需靠“养儿防老”。这种社会保障的城乡非均等化伴随着收入分配差距的扩大而不断扩大，已经越来越危及社会的公平与稳定。

几千年来，土地一直是我国农民的安家立命之本。一旦土地被征用，农民成为失地“农民”，将会丧失大部分甚至所有的生存资料，并且面临失地后另谋生路的问题。然而，目前严峻的就业形势以及农民单一劳动技能的局限，使得农民实现生产方式的转变困难重重。因此，在土地承担基本社会保障功能的前提下，如果对农民的基本社会保障供给短缺的问题不解决，农村土地的流转很有可能严重违背农民的意愿。我们在访谈中了解到相当一部分农民本身的问题，本来是愿意进行土地流转的，因为从总体上说，种田的机会成本较高，相对于其他工作，其经济效益较低。但是之所以现在不愿意土地流转，主要是因为在当前土地仍然是他们的重要生活来源和社会保障。

在回答“土地去换什么？”这一问题时，选择“土地换社保”的位居8个选择项之首。当地村民和村干部在接受访谈过程中，反映最多的仍然是土地流转以后失地农民的生活保障问题。“我在想政府通过这种形式（指土地流转）后老百姓都没田地了，以后怎么生存？农村毕竟还是以农业为主。现在做农产品加工园，不知道那种形式能够解决多少人的就业问题。”“我觉得现在村里最大的困难是土地都卖光了以后怎么生活。”（社区某村民）由此可见，给予农民必要的社会保障是农民愿意土地流转的必要条件。而当没有给予农民必要的社会保障，流转条件不具备时需求他们流转土地，势必会遭到农民的强烈反对。

农民的服务需求日趋多元化，但是目前农村医疗卫生、文化教育、社会保障、社会治安等公共服务资源还相对不足，市场化的社区服务和志愿性的互助服务发展还较为薄弱。例如，在社区调研时发现，文化广场上艳阳高照，社区舞蹈队为了防晒只好在服务大厅里排练。调查中还发现，农村社区公共服务设施在配置上实现了效率化，但在使用上却利用率不高，导致资源浪费。文化室、图书室、篮球架、健身器材由于都建在目前入住率很低的集中居住区，离周围居住人口众多的湾、村小组距离较远，因此实际利用率很低。而村民需求度较高的公共服务机构，诸如农业技术指导站、社区老年福利服务设施、红白礼堂、幼儿园、餐饮、特殊群体的教育等服务设施还相当欠缺。在与社区居民的访谈过程中，很多村民表达了农村社区服务设施供给不足的呼声。

调查发现，社区领域与市场领域一样，一旦人们的需求在这里得不到满足，他们就会寻找其他方式满足自己的需求。“有条件的家长往往更愿意让孩子去镇里或城里上学”，因为“那里（注：指城镇学校）条件比村里更好”。然而，并不是所有的农民都具备经济条件，更多的农民还是存在“等、靠、要”思想，认为农村社区建设是政府的事情，凡是涉及要自己出钱出力的事情，就表现出消极态度，缺乏主动参与精神。

（三）公共精神需求与“搭便车”心理

公共精神也称为公民性或公民意识，是指在由公民组成的共同体中，公民对共同体公共事务的积极参与，对共同体价值的认同和对公共规范、公共原则的维护。公共精神是衡量一个国家公民素质和社会风气的重要标杆，关系着一个国家的政治、经济、社会、文化的发展。一般认为，公共精神包括两个层面。一是社会层面的公共精神，主要体现为社会公德，即一定社会的全体居民为维护社会公共生活的正常进行，共同遵守的最基本、最简单的生活准则和行为规范。强调的是公民个体在社会场所中对其他公民不进行干预和侵犯的责任，以及公民在特定情境中的互助责任。基本的社会公德一旦缺失，社会就会陷入以邻为壑的冷漠和人人自危的脆弱当中。二是政治层面的公共精神，即政治品德。它是公民在政治生活中采取适当行为所应当遵循的道德约束，强调的是公民个体对整个社会共同体予以维护和认同的责任，以及公民对国家和公共利益的发展予以关心和积极建设的品质。否则国家就不可能正常地生存和运转，更谈不上繁荣昌盛了。不少学者论述过公民精神与公共参与之间的正相关关系。早在20世纪初期，托克维尔就称颂美国人的志愿参与精神是美国繁荣民主所不可或缺的“革命性文化”。德鲁克认为，“公民身份意味着积极承诺，意味着责任。公民身份意味着一个人在社区、社会和国家中有某种影响。”罗伯特·帕特南通过实证研究发现了意大利不同地区公民意识差异与民主参与程度差异以及治理绩效差异之间的正相关关系。谬勒认为，“社会秩序、环境质量，是每个人通过不偷窃或不污染的行为方式对这类公共物品的‘生产’做出贡献来提供的。对这类典型的公共物品来说，所供给的数量在某种程度上是每个人的贡献的累加。克制自己不偷窃的人们越多，社会就越有安全保障，所有成员所享受的利益就越大。”

通过农民对社区集体收益的分配意见来考察农民的公共精神。伴随着社区产业的发展，农业规模化经营和生产效益提升，农村社区的集体财力随之增强。集体经济得到发展，也就意味着农村集体经济在未来的收益增加。那么，农民如何看待这部分增加的收益呢？在访谈中了解到大多数村干部倾向于把土地流转后获得的资金再投资、发展集体经济。而大多数村民则对村干部的做法持反对态度，他们倾向于得到直接的好处。调查显示，只有少数人认为应提高公共服务的供给，其中有近20%的村民认为应该改善道路水利生产设施，有32%的村民认为应该改善村集体福利。而主张“按户平分”的村民则占了将近四分之一。

同时在调研中还发现，社区的公共精神还与农民的整体素质有关。一是农民教育水平普遍较低，科技文化水平普遍不高，思想比较保守，公共素养不高。如有的村在社区公共绿地上按照自己的意愿种菜栽花；有的村垃圾乱扔，增加了社区的保洁难度。“现在住进来的不到三十户，居民很不自觉，有很多垃圾都没有自觉扔掉，都是丢在楼道门口，没有专人去搞卫生，每逢村里有检查了就有人去搞，没有外面检查、参观、考察的人来时垃圾就丢在那，环境卫生状况很差。”（HS社区某村民）究其原因，一是“侥幸”心理普遍存在。“任何时候，一个人只要不被排斥在分享由他人努力所带来的利益之外，就没有动力为共同的利益做贡献，而只会选择做一个搭便车者。”“如果所有的参与人都选择搭便车，就不会产生集体利益。另一种情况是，有些人可能提供集体物品而另一些人搭便车，这会导致集体利益的供给达不到应有水平。”“搭便车”心理在一定程度上制约了社区管理和服务中公平和效率的实现。二是农民深受传统文化中“重家庭、轻社会”思想的影响。众所周知，中国是以漫长的封建历史和发达的农业文明著称于世的。一家一户式自给自足的小农经济结构，使血缘关系成为整个社会关系的原型和基础，并在此基础上形成“家—国一体”的社会体制与社会结构。正如黄建中先生所说：“中土以农立国，国基于乡，民多聚族而居，不轻离其家而远其族，故道德以家族为本位。所谓五伦，属家者三，君臣视父子，朋友视昆弟，推则为四海同胞，天下一家。”尽管把“天下”作为社会主流意识形态所倡导的道德价值，但个人最主要的利益关系是“家”，是一种建立再家族联系之上并只关注家族利益的利己主义。“重家庭、轻社会”的意识导致“各人自扫门前雪，莫管他人瓦上霜”，而“公共精神”的缺失必然会影响农民对社会公共生活的关心程度和参与社会公共活动的积极性。

（四）自组织需求与“原子化”生存

农民自组织指的是农民建立在自愿原则和非正式性规范的基础上，以自发形成的农村民间组织和机构为载体，通过组织机制与功能的不断优化，进而实现自我管理、自我服务、自我监督、自我教育的过程与状态。在农村社区建设过程中，随着农民物质生活的改善，广大农民对各种自组织的需求日益迫切，主要表现为出现了大量不以“血缘、亲缘、地缘”为联结纽带的各种农村经济合作社与协会、妇女协会、老年协会、红白理事会、文体娱乐兴趣类团队等新型自组织形态。

首先，在各种类型的自组织中，农民在文体活动小组中的参与率最高，总数较多，主要是一些自娱自乐的民间文艺团体和满足农民精神文化需求的兴趣类，如各种健身协会、戏剧协会等，这些团体平时都是自发组织活动，服装、音响、光碟等设备一般都是由组织成员自己购买。

“我是这里楚剧团的团长，我们团的成员是各小组的村民。我们以前是个大班子，有二十几人，经常代表乡、村去参加比赛。这两年活动少了，平时都是自己在底下玩，三天就玩一次，就在社区广场玩。乡政府没有给我们资助，村里也没有（资助），所有的费用都是成员自己出。要是村里给经费支持就更好了。”（社区秦某，楚剧团团长）

“我们组织了祥云健身队，每天晚上都来跳舞、打腰鼓，参加的人跳舞的有五十多人，打腰鼓的有二十多人，有几个村的村民参加。社区建设起来后，想搞点老年人方面的活动，廖总（注：当地一位房地产商）挺支持，在开会时专门讲过支持老年人娱乐。唱歌廖总也支持，不过还没有支持下来，村里没有资金支持，后来我写了一份申请送到乡里（注：指乡政府），乡里拨了5000块钱，给每人发了一个鼓。健身队的装备全置齐花了2万，钱不够，就由我自己先垫着，前后共贴了1.5万。”（SZ社区陈某，健身队队长）

“社区刚开始组织舞蹈队时，还特地请了专业舞蹈老师指导大家，每个人一个月交一块钱，老师每周五来一次，其他时间自己组织。跳舞队的成员都是住在社区周围的，现在固定成员有四五十位，还吸引了很多人在周围观看。一位阿姨兴奋地说：“通过跳舞也认识了一些人哩，扩大了我们的交际面。原来不熟悉的，现在家里面有事互相走动，给个人情钱什么的。而且我之前有胃胀的毛病，现在胃胀全好了！”（CH社区调研资料）

其次，近年来，由于农村男性青壮年劳动力大量外流，村庄“空心化”问题日益严重，对农村妇女、儿童、老人等弱势群体提供公益性服务的民间组织的需求日益增多。在贵安新区的调研中，就采集到一些致力于村庄弱势群体权益保护的公益类的社区民间组织，如DG社区空巢老人和留守儿童服务中心、社区治安巡逻队等。

空巢老人和留守儿童服务中心责任人严某说：“空巢老人和留守儿童服务中心是在贵安新区民政局注册登记的民办非企业单位，正式成立时间是2011年5月10日，业务主管单位是部城区杜山镇人民政府，业务范围包括开展定期照看、帮种助学、法律援助、心理咨询和居家养老等服务，开办资金数百万元，经费有专项拨款。市里、企业都有拨款。这是DG社区书记争取来的。之所以成立中心，源于以前看过这样一则新闻报道：有两个孤寡老人，在家死了一个多月才被发现。现在，农村年轻人大都出去打工了，留在家里的主要是老人和儿童，很需要有人帮助。由于我爷爷也是空巢老人，而且比较喜欢该地区，所以就过来了。我不在乎钱多钱少，主要是让自己充实一点，有事情做。我主要负责跟民政协商，下面还有三四个工作人员，都是配合我的工作。工作人员都是义务的，不存在工资待遇问题。整个社区的空巢老人、留守儿童都要登记一下，现在已经做了记录，14个村空巢老人大概有100多个，留守儿童的情况还好一些。平时他们有什么需要的，中心工作人员就会去帮忙。中心刚开始成立，以后会慢慢发展。”

“我们社区组织了民兵巡逻队，由十几个人组成，每个村民小组抽一个人，不定期进行义务巡逻。有了巡逻队，整个社区的治安情况都很好。”

再次，随着农村社区建设进程中土地流转和农业产业化的推进，大力推进农村合作经济组织建设已是大势所趋。各地农村社区在推进农业龙头企业、农产品市场、农村合作经济组织“三大建设”的过程中，形成“公司＋农户”“公司＋基地＋农户”“专业合作社＋农户”等多种形式的农业产业一体化经营体系，通过农民新型合作组织的中介和平台作用，使城乡经济社会发展实现更有效的对接和更大范围、更深层次的交流与合作，进而形成城乡生产要素在城市、乡村循环流动、相互利用的动态配置格局，为建立我国城乡统筹和一体化发展的新格局奠定有效的组织基础。调研中发现，贵安新区农村社区也出现了一批致力于为农户提供供销、技术和金融服务的农民合作经济组织，它是由特定农产品生产者自己兴办、管理、分配，开展专业性技术经济服务的合作性质的农民自发组织，如DG社区冰糖西瓜协会、社区建华农业生产合作社、社区特色蔬菜种植协会等，不仅满足了农民生产和经济活动中的需求，而且增强了村民的生产互助能力。

然而，从调研结果来看，尽管目前自组织已经成为农民利益需求的内在冲动，而且农民自组织在农村社区建设过程中也呈现出良好发展的态势，但同时也存在不足，最主要的问题有四点。一是农民参与自组织的广度和深度还远远不够。在各种类型的自组织中，往往以兴趣类的文体组织参与率最高，占被访者总数的53%。而农民参与这类经济合作组织的水平非常低，仅有4.2%的被访对象参加了诸如水果协会、水产协会等。二是农民自组织普遍规模小、结构松散，由此制约了其服务功能、社会影响力的有效发挥。三是农民自组织普遍存在资金短缺、管理人才匮乏和持续发展能力薄弱的问题。四是政府对农民自组织的支持与保护力度明显不足，尤其是在有关法律法规的完善、相关知识培训、信息提供和技术推广等方面亟待加强。

农村自组织发育不足主要和长期以来农民“原子化”的生存状态有关。一方面，传统农业生产方式和传统的社会结构对农民的心理和行为产生深远而重要的影响，从而形成了农民的“不善合作”的性格。千百年来，中国农民一直以家庭形式进行生产和生活，土地既是农民家庭生存的基础，也是农民就业的载体。“乡土束缚，就是指种田的人，被土地所束缚，一切农村社会，均有此限制。……乡土束缚从何而来呢？很简单，在土地耕作的人，衣食等直接依赖土地。土地是直接维持生命的工具。因此人们就不能离开土地。这是农村社会的第一个特征。”为了全家人的生存，农民必须将所有的精力都花在土地上，甚至不惜“内卷化”。过分关注土地使农民眼光向内，不喜欢与外人打交道，形成了社会行为上的不合作偏好和合作能力较弱。正如马克思所说，“农民就是一袋马铃薯”。从古至今，农民的不合作态度使农民在社会结构中一直处于“原子化”状态，这也导致了农民群体难以显示其主体力量。另一方面，农民的“原子化”也源于由于国家的制度安排。尤其是在中国农村废除人民公社制、进行体制改革后，虽然给乡村社会发展提供了自主空间，但是，同时也使得“整个社会被切割为无数的片断甚至是原子，也可称之为社会碎片化”，其典型表现就是农村一家一户的分散状态。“在面对农村社会时，农民已成为几乎没有任何组织依托的个体，他们既没有传统社会中的社会组织如家族可以利用，也没有形成现代意义上的自治社团，因而无论通往市场还是通往国家的路径都是堵塞的。因此使农民成为一个最为脆弱的社会集团。”在现代化的市场经济条件下，分散的个体农户在市场竞争、技术研发利用以及信息获得方面往往处于弱势地位，缺乏竞争性和抗风险性。在政治上，农民的分散化和原子化导致保护自身权益的组织性资源缺失，农民缺少表达自己利益诉求的有效渠道，必然会出现“被安排”“被代言”“被取代”等主体性缺失的后果。

当前，农村社区日益成为政府、市场、社会、农村居民等多元主体综合利用各种资源共同参与的行动场域。从参与的广度和深度来看，农民在农村社区建设过程中明显存在参与不足的现象。尽管对公共服务需求的多元化已成事实，但由于供给与需求脱节或者供给不足等原因，为农民提供服务的“社区公共服务中心”缺少农民的身影；集中居住改变了农民原有的生活方式，如何融入现代社会成为农民急需解决的重要问题；在日常交往上，农民对初级群体的参与和依赖依然明显，自组织能力和公共精神素养尚待加强；土地流转中“被安排”的无奈和对公共福利的期盼并存。总之，从当前农民的参与现状和认知情况来看，农村社区建设过程中的农民主体性缺失已经成为一个无法回避且亟待解决的问题。

从学理层面上来讲，我们追求的是一种合作主义的理想模式，即围绕农村社区建设这一目标，如何使政府、市场、社会以及农民自身（农民组织及农民个体）等行动主体通过调整彼此之间的权益关系，发挥各自的优势，形成协商参与、利益协调、功能互补、共生互赢的治理格局，从而在根本上促进整个农村地区经济发展和社会结构的现代化转型。然而，目前学界对于政府与市场在农村社区建设中的作用研究比较多，而且多是宏观层面上的讨论，我们需要更多地关注和研究农民组织以及农民个体在农村社区建设中的参与情况及他们与政府组织、市场组织和社会组织之间的关系结构。从实践层面上来讲，农村社区建设最基础的行动和最终的效果还是落实在农民身上，如果农民不参与（无论是主观上还是客观上的原因），或觉得社区建设与自己无关，农村社区建设的动力和意义何在？建设的效果又如何评价？另外，在农村社区建设中，如果没有农民组织或农民代表的参与，农民的利益诉求很可能会因表达不畅而遭到政府、市场和社会的忽视。因此，农民组织具有在与政府或市场协商（或讨价还价）过程中能够突破农民个体行动和价值局限，有代表和实现村民利益的优势。换言之，农民组织不仅可以代表公共利益，而且可以在更大程度上实施有效的集体行动。然而，在注重发挥农民组织优势的同时，也需要警惕传统组织因其固有势力而造成多数村民“被代表”的现象。虽然农村中长期存在着村委会、村民小组、宗族组织等村民组织，但这些组织在多大程度上代表着村庄公共利益，是否集中着村民的公共意见等，还需要深入考察。

第四节 农民主体性缺失的结构性因素

上一节从认知和参与两个角度分析了当前农村社区建设过程中农民主体性缺失的多种表现。那么，有哪些因素导致农民主体性缺失的产生呢？本书使用的分析框架——“主体性互构”理论中的“行动者”假设认为，任何人类行动者，包括个体、组织化群体、组织和国家，在行动时既要受到其所处社会结构中经济、政治、文化等条件的限制，同时又具有能动性，能够塑造和再塑造物质环境、社会结构和社会制度，即行动者和结构是互相建构的关系。依据这一思想，本节拟把宏观分析与微观分析相结合，从关系和结构入手探讨导致农民主体性缺失问题的根源。其中，在宏观上主要探讨国家与社会、城市与乡村、物质与文化等关系中由于存在不对称的社会结构而造成农民主体性缺失，微观上则从剖析政府、市场、社会在治理结构中的主体性缺失和角色错位带来的诸多不利影响。

一、 失衡：不对称的社会结构

社会结构一直是社会学研究的核心问题。戴维波谱诺认为：“‘结构’术语指的是任何事物的基本构成部分之间相互关联的方式。”伊恩·罗伯特则认为，“在描述或分析人类社会时，用‘结构’来做比喻是很有益的。”他分析说，社会并非是由凑巧占据了同一地域、胡乱地发生相互作用的人组成的杂乱无章的集合体。尽管人类有能力从事灵活的、创造性的活动，任何社会都有一种基本的社会行为规律或模式。因此，对于社会学家来说，社会结构就是指某一社会制度的基本成分之间有组织的关系。虽然这些基本成分的特征及其彼此之间的关系因社会而异，它们却为人类社会提供了框架。而吉登斯在其“结构二重性”理论框架中认为，所谓结构，就是“作为社会系统的特性组织起来的规则与资源，或一系列转换关系”。在吉登斯看来，结构无非是行动者在跨时空互动中所使用的规则和资源，他们在使用这些规则和资源以展开行动的过程中维持原有的结构或再生产出新的结构。这个过程即结构化的过程，它具有明显的二重性：一方面，社会结构规定着行动者的行动；另一方面，行动者的行动又产生和再生出新的社会结构。因而，社会学对社会结构的说明只能在考察“结构化”的过程中得以实现。“行动者通过他们有目的的行动，制造了关系和意义结构的网络，这网络又进一步帮助或限制他们做出某些行动；这是一个永无止境的过程。”

克思主义社会学关于社会结构的观点有广义和狭义两种理解：广义的社会结构是指社会各个基本活动领域，包括政治领域、经济领域、文化领域和领域之间相互联系的一般状态，是对整体的社会体系的基本特征和本质属性的静态概括，是相对于社会过程而言的。在社会各种基本活动领域中，社会经济结构对于社会政治结构、文化结构等具有决定性的影响和制约作用。它是社会的经济基础，具有将其他社会领域结合为一个有机整体的作用。其余的部分是在经济基础上建立起来的上层建筑，包括政治法律制度以及各种意识形态。上层建筑领域的各部分，具有相对独立性和稳定性，并对社会经济具有能动的反作用，直接或间接地影响社会经济结构。狭义的社会结构是指一个国家或地区占有一定资源、机会的社会成员的组成方式及其关系格局一般表现为人口结构、人群组合结构、人的活动位置结构在社会中所从属的集团阶层、人的生存地域空间结构、人的生活方式结构以及社会经济、政治、法律、文化等各方面各领域的构成及相互关系等具有复杂性、整体性、层次性、相对稳定性等的重要特点。

（一）国家与社会：“强国家—弱社会”的关系格局，对于“国家”与“社会”的理解

一般来说，宏观意义上的国家概念是指疆域—民族层次上的国家，由人口构成的“社会”和领土等一起构成其组成要素，“国家可以被界定为这样一种政治组织，它的统治在地域上是有章可循的，而且还能动员暴力工具来维护这种统治。”吉登斯认为社会是作为政府组织层面的国家，主要指各级政权组织及其正式制度组成的政府系统，人们平常所说的国家与社会就是在政府组织层面上区分的。微观意义上的国家是作为政府机构公务人员行为体现的国家。随着西方行为主义的兴起，特别是公共选择理论的影响，人们认识到国家并不是铁板一块，不仅国家部门之间存在着不同的利益取向，政府工作人员在处理公务过程中也是理性行动者，也在追求自己的利益最大化。而普通民众对国家的印象主要来自于日常生活中他所接触到的国家部门及其工作人员。因此，基于对国家的上述三个层面的理解，国家可以定义为

民政和军事官僚（或国家机构、政府或者那些能够正式控制国家机构的组织）常常组成这样那样的分支，以及那些构成机构、政府的形式与行为框架的正式和非正式的行为规则所组成的总体“社会”，在大多数情形下其核心内容是市民社会观念。按照西方社会理论的解释，市民社会是相对于国家的自主性空间，也可具体化为“市场之私域”与“非官方之公域”。市民社会观念则至少包含三个基本要素：由一套经济的、宗教的、知识的、政治的自主性机构组成的，有别于家庭、家族、地域或国家的一部分社会；在其自身与国家之间存在着一系列特定的关系以及一套独特的机构或制度，用以保障国家与市民社会的分离并维持二者之间的有效联系；有一套广泛传播的文明或市民的规范。而事实上，对市民社会的界定也历来存在着学派性的差异，对于大多数应用“国家—社会”分析理论的学者而言，“国家”与“社会”则从来都是历史性的、含有不同文化内容的概念。比如，有学者解析“国家”与“社会”在中国传统观念中表现为三种范畴，即“家—国—天下”“公—私”“官—民”，而且它们从不同侧面反映了中国历史上的国家与社会的关系。

在国家与社会的关系上，学术界一直存在“国家高于社会”“社会高于国家”“国家社会平衡”三种看法，与之相对应，产生了“国家中心主义”“社会中心主义”和“国家社会平衡论”的理论观点，而且每一种理论背后都有着一定的理论基础。

（二）“强国家—弱社会”关系格局对农民主体性问题的影响

首先，我国长期以来的大一统和中央集权的统治模式，形成了国家中心主义的历史传统。悠悠千年的封建王朝历史中，无数的事实证明，在疆域偌大的中国实现其大一统的局面是避免分崩离析的基本路径。为了实现大一统的局面，采取中央集权的统治方式成为历史的选择，并从上而下建立垂直性的官僚组织体系和集权性的权力谱系。自秦汉以后，中国逐步发展出一套高度中央集权的官僚体制，出现的是一种将国家地位摆得很高的思想传统。在中央集权的统治方式中，中央给地方的自治空间是极其有限的，在极其有限的空间里，社会的力量一直是相当微弱的。在这种高度集权的政治体制下，君贵民轻，官尊民卑，等级森严。国家和社会管理由专职官僚阶层掌控，政府掌握着所有社会资源的分配，社会大众在很大程度上被排斥在外，民众参与意识的养成缺乏制度支撑和现实土壤。因此，尽管传统国家存在“有边界而无国界”的问题，但这种现象更多的是对西方传统国家的一种描述，而在中国长期的封建历史过程中，始终没有形成西方式的那种地方自治的传统。在这种体制下成长起来的中国农民，不仅主体地位被无情地剥夺了，而且他们的主体性被囚禁在中国传统政治体制的牢笼中无法解放出来。

其次，中国在由传统国家向现代国家的转型过程中形成了国家至上和集体主义的传统。由于近代以来的中国总是面临内存分裂、外临侵略的内忧外患的“总体性的社会危机”，因此迫切需要构建“利维坦”式的强大国家来解决问题。尽管这一目标因国民党政权的“内卷化”没有成功，但却形成了国家政权渗透社会的基本趋势。中国共产党凭借其与人民群众利益一致性的优势，通过广泛地动员和发动群众，将党和国家政权的触角成功地延伸到社会各个领域，最终完成了民族独立和国家建构的目标。中华人民共和国成立后，在进行社会主义建设的同时进行了社会主义改造。在一穷二白、千疮百孔的基础上搞社会主义建设的现实压力，迫使当政者不得不集中全国资源进行强制性、有侧重、有目的的再次分配，而这种强制性的资源分配模式必须依托于一定的超强的权力组织体系和集中化运行模式，只有通过集中权力的垄断才能实现对资源的垄断和再次分配。而且为了扫除改造阻力，也迫切需要从上到下建立严密的组织体系和集中式的权力运行模式，将“社会”吸纳到“国家”的谋篇布局当中，于是“总体性”社会由此产生。

再次，“强国家—弱社会”的关系格局导致了国家和社会的自主性发展不平衡。自主性是指行动主体按自己意愿行事的动机、能力或特性，“按自己意愿行事”包括：自由表达意志，独立做出决定，自行推进行动的进程等。一般来说，国家自主性指把国家视作一个权力主体，其自主性就体现在通过国家的行动实现对公共利益的追求和维护，即国家自主性是国家行动能力的体现，而国家的行动能力主要包括汲取能力、控制能力、合法化能力、创新能力。社会的自主性则是指社会在与国家交往过程中表现出来的独立性，是社会具有的在自己的合法空间内自主行动的能力，主要包括资源整合能力、社会动员能力和适应能力。在现实中，社会的自主性一方面表现为社会在与国家交往过程中表现出来的独立性，即社会的行动在相关法律规范下是相对自主的，作为一种主体性存在，公民社会是不依附于国家的，自身有着争取自由支配空间的冲动，并且事实上是与国家相并列的一种主体形式；另一方面表现为在整个公共活动网络中社会与国家的交互主体性。“交互主体性”意识的强化是自主性形成的关键。同时，社会自主性还表现为对于公共物品的需求而言的主动性，即在没有外力的情况下，面对特定的问题，社会会主动地聚合成组织，建立一种基于责任、信任、合作之上的网络，以提供公共物品解决公共问题。在“强国家—

弱社会”的关系格局中，国家及其代表政府的力量在社会诸多领域呈现一种强势态势，资源被牢牢地、严格地掌控在国家手中，必然将社会力量压制在一个狭小或有限的空间里。久而久之，导致国家与社会的自主性发展不平衡，即一方面导致国家或政府陷入“全能”的陷阱而无法自拔，另一方面也导致民众和社会力量对国家或政府力量产生依赖心理。

最后，“弱社会”已经成为制约国家发展的不利因素。从历史上看，国家权力自我约束是有限的，缺乏社会力量制约的国家权力必然处于扩张状态。“国家与社会之间的矛盾和对立是普遍存在的，要克服政府中的消极因素，不可能依靠国家自身的力量，必须依靠与其矛盾和对立的方面——社会的发展。”减少腐败、有效制约国家权力滥用的唯一出路在于让社会权力强大起来。一个强大的社会的存在是国家强大、民间富足的保障、基础和前提。国家和社会的稳定与发展有赖于社会内部的和谐，也有赖于国家与社会之间的和谐，而国家与社会之间的和谐离不开社会权力对国家权力的有效制约。“任何国家、国家机器过于强大，社会公民缺乏对国家的制衡力则国家机器必然走向异化，社会也难以保持持久的稳定运行。从根本上说，要保持社会的持久稳定运行，需要国家与社会之间实现相互制衡、官民制衡，彼此在自己的界限内发挥各自的积极功能，国家保障和增进社会公民主体的权利与利益，社会公民监督和促进国家权力的健康运行，使国家和社会成为相互制约又相得益彰的积极力量。”无论是和历史比还是与改革开放前比，当今中国社会的巨大进步都是不容置疑的。但是，相对于国家而言，社会仍然处于弱势地位，如社会的贫困人口仍然较多、人民的总体富裕程度仍然较低，社会的贫富差距较大、经济和社会发展不平衡的问题还十分突出，民间资本的运作空间偏小、经济发展的质量不高、经济结构转型面临许多困难，民间组织数量少、影响小，公民的整体素质有待提高，文化教育水平与发达国家相比仍有很大差距，民族和宗教问题依然存在，社会和谐面临巨大压力，公民的法治和民主意识不强，民众的合法权益频遭侵犯，等等。由于社会不够强大，反过来也影响了国家，成为制约国家强大的最大的不利因素。

总之，“强国家—弱社会”的总体社会关系格局自古有之，而且影响和钳制着中国社会发展的方方面面，对政府主体性、市场主体性、社会主体性和农民主体性的生成具有深远影响。而我国的城乡社区建设正是在“强国家—弱社会”背景中拉开序幕和展开推进的，所以，在社区建设领域中出现政府主导过多而社会参与不足等现象也就不难理解了。

（三）城市与乡村："二元分割"的社会体制

城乡关系是人类文明迄今为止最为基本的社会关系，其存在具有较强的稳定性。"城市—乡村"的互补性构成了人类社会千百年来最强有力的结构支撑。在由传统农业社会向现代工业社会的转型过渡进程中，城乡结构发生了根本性的转变。相比之下，在欧美社会，这一转变过程是通过数百年循序渐进的变革方式演变而成的，而在发展中国家的"压缩式发展"进程中，多是通过政府威权"自上而下"地完成这一转变的。

所谓"二元社会结构"，就是指一种相当稳定和明显的城乡差别格局。与其他国家曾经或正在经历的二元社会结构相比，我国的二元社会结构由于是国家的一种制度安排，因而具有一些特征。第一，职业差别与地理差别重叠。现代产业部门尤其是现代工业主要集中在城市，而传统产业部门在我国主要是指农业分布在农村。农民从事农业，工人从事工业。第二，阶层差别与地理差别重叠。工人阶层主要分布在城市，他们是现代工业的主力军，而占我国人口 70% 以上的农民阶层生活在农村，他们过着传统的农业生活。第三，收入差别与地理差别一致。长期以来，我国城市就业人口的收入都高于农村就业人口。城市的收入来源于工业，农村的收入来源于农业。而这两种收入来源的差异则主要是二元经济结构造成的现代部门与传统部门在劳动生产率上的高低差异和国家的价格政策造成的工农产品价格剪刀差密切相关。第四，生活方式差别与城乡地理差别一致并相互强化。在二元社会结构中，生活方式的二元化差别是相当明显的。这既是二元经济结构造成的城乡生活节奏、行为方式与观念构造不同的结果，也是二元社会结构阻碍城乡交流互动以致互不影响使然。这样一种普遍存在的稳固的封闭性造成了整个社会结构的僵化，从而阻碍了社会的变迁与发展。

（四）二元社会结构对农民主体性问题的影响

有损公平的二元制度安排既损害了农民的合法权益，也打击了农民的自主性、自为性和创新性。

首先，为了固化二元社会结构，国家制定了诸多制度，包括户籍制度、粮食供给制度、副食品与燃料供给制度、住宅制度、生产资料供给制度、教育制度、就业制度、医疗制度、养老保险制度、劳动保护制度、人才制度、兵役制度、婚姻制度以及生育制度等。这些制度像一道壁垒，人为地将我国城乡社会截然分开，堵塞着城乡之间自发交流的渠道。国家财政投入重城轻乡、重工轻农，整个国家公共服务体制也是一种城市优先发展的体制，由此造成城乡之间基本公共服务水平严重失衡，也严重制约了农村基层社区组织向农民提供公共服务的能力。由此，不仅导致农民群众对基层社区组织的失望，也引起农民对于国家政策的不满；既损害了农民对于基层社区的信任和认同，也损害了他们对国家和社会的信任和认同。社会制度越是强化二元特点，社会级差的反映就越突出。例如，二元体制造成的城乡教育质量不平衡导致了农民群体的教育科技文化素质普遍不高。从农民群体自身考察，其主体性的发挥缺乏必要的素质支撑。素质决定人的认识水平和行为能力，也决定着国家和社会的发展。邓小平同志曾指出："我们国家国力的强弱、经济发展后劲的大小，越来越取决于素质。"教育科技文化素质是人的素质的基础与核心。农民的文化程度与其对农村社区建设的知晓情况、态度、参与意愿，以及对新农村建设问题的理解和把握的科学性正相关。

其次，在二元格局的社会结构之下，由于政府往往拥有信息的优先获得权、制作权、发布权和分享权，从而在整个社会生活中拥有不可争辩的强势地位，而处于弱势地位的农民则往往被排除在正当的社会生活之外。作为国家在地方的权力机构，地方政府是国家权力的代理人，一方面执行国家政策，体现国家意志，另一方面又有着自己的利益诉求，即地方政府作为国家的代理人具有双重性，当它作为代理人履行职能的时候，常会不自觉地把代理人的意志同国家意志结合起来，或者在执行国家政策的掩护下谋求自己的利益。这样，农民实际上处于国家的双重管制之下：一方面是国家法律制度和政治的管制，另一方面是作为国家代理人更为微观的控制。在这样的架构体系中，由于农民根本不可能自下而上地表达自己的合理利益诉求，所以形成农民对国家和地方各个链条的强烈依赖，很难形成维护自己利益的组织并且发展壮大。

再次，在二元社会结构下，农村社会生存环境和社会文化系统具有相对封闭的特点。为了在有限的社会范围内对有限的社会资源加以充分利用，农民继承了数千年农业文明的基本禀性，严重影响了农民主体性的生成。一是依然沿用在劳动中对自然和群体的依赖性很强的中国传统农业生产方式，小生产习惯势力顽强存在并发挥影响。例如，为了保证生存安全，农民在长期经营小块土地时不敢冒险和创新。费孝通说过："乡土社会是安土重迁的，生于斯、长于斯、死于斯的社会。不但是人口流动很小，而且人们所取给资源的土地也很少变动……个人不但可以信任自己的经验，而且同样可以信任祖先的经验。”农民身上固有的保守性与“依靠传统经验”的习惯紧密相连。同时，传统生产方式使农民的收入很低，能够支配的资源比较少，“口袋无钱胆子小”，从而造就了农民胆小怕事的社会心理，而这种性格决定了农民往往选择“不主动参与外界社会和村庄政治”的行动策略。二是依然沿用家庭本位意识强烈的传统社会结构，宗法家族制度的社会结构和儒家伦理思想紧密相连，特点是以社会为本位，个人的价值则长期受到忽视。当农民遇到诸如水利灌溉等自己不能解决的问题时，往往需要依靠村庄或宗族的帮助，这就使农民对宗族、村庄形成了一定的依赖性以及对村庄权威和家族权威的顺从，从而降低了其自主性。同时，二元社会结构阻碍了农民向外界的流动，造成农民缺乏个人自由、交往范围较小，交往能力差，进而导致了农民自锁和自闭的心理，形成唯唯诺诺、安于现状、固执狭隘、因循守旧等消极性格。正如马克思所言，不流动“使人的头脑局限在极小的范围内，成为迷信的驯服工具，成为传统规则的奴隶，表现不出任何伟大和任何历史首创精神”。

二、 错位：不合理的治理结构

（一）限度和范围：行动主体的责任关系

在治理理论的分析框架中，社会被看成是由政府（第一部门）、市场（第二部门）和公民社会（第三部门）形成的三足鼎立的局面。三方行动主体遵循不同的行动逻辑：政府主体主要通过等级控制、垄断性权威和强制性权力来提供公共物品和公共服务；市场主体主要通过自由竞争机制、价格机制和利润来配置社会资源；公民社会则通过道德、志愿、慈善、发言权和集体行动来参与公共治理，治理的主旨就是在这“三足”的多元互动之中寻求政府与市场和公民社会之间的动态平衡。根据对“治理”理论的理解，所谓“社区治理”就是指在社区发展过程中，政府与市场以及代表民公利益的非政府组织和非营利组织共同管理社区公共事务的活动。在社区建设的进程中，政府、市场和社会作为社会治理结构中的行动主体，其相互之间责任关系对于社区建设的成效具有结构性意义。政府、市场和社会的责任关系主要体现为各自承担的功能和角色，功能意味着行动的限度和范围，角色则表明了行动者之间的关系。

1. 市场在治理结构中的责任

市场经济体制发育以来，“政府同市场的关系”问题一直是政治学、经济学、政治经济学等学科的一个基本命题。是做最低限度的“守夜人”还是做强大的“行政国家”？是多一点政府干预还是多一些市场介入？对于这个问题的答案，人们不仅在理论上缺乏共识，在实践上更是因时因地而异。其实，就其性质而言，政府和市场都是人类社会的一种制度安排，“看不见的手”和“看得见的手”，两者都有各自的比较优势、行动逻辑以及性质特点，当然各自也都存在内在缺陷。根据物品的“非竞争性”和“非排他性”这两个标准，经济学将社会物品分为公共物品（包括纯公共物品和准公共物品）和私人物品。对物品进行区分的更重要的价值在于，“物品本身的特性决定着物品供给的条件”。“撇开任何政治选择，公共行动与市场之间的关系首先取决于产品和服务的性质。”根据物品的性质选择物品供给的适当手段，这就对政府、市场及第三部门的行动边界做出了明确的限定。因为，如果认为某种物品主要具有私人物品的性质，那么通过竞争性的市场机制来提供这种产品就被认为是有效率的；相反，如果某种物品具有公共物品的性质，为了避免“搭便车”所导致的供给不足，公共选择和集体行动就成为一种必要。

市场主体性一是表现在市场具有自主性，对于怎样实现自己的目的，市场主体都有自己的意愿，能够按照市场规则和有关法规自主地采取行动，任何人不得任意干涉；二是表现在市场具有主动性。市场主体能够主动地对以市场价格为中心的各种市场信息及时做出反应，接受市场这只“看不见的手”的指挥。例如，从本书表述可以看出，市场主要承担了农村基础设施好环境建设类和农业生产服务类的具体项目，同时在参与农村文艺演出、农村学前教育、成人教育、就业服务等方面也发挥着主要作用，成为现阶段村级公共服务和社会管理的第二大供给主体。三是不确定性的营利组织对不确定性的社区提供社区公共产品。国际上的一些跨国公司如壳牌公司等不仅积极捐赠慈善组织，还专门成立了志愿者协会，参与地方社区建设工作，它们把慈善捐赠、参与社区建设当作与企业商业宣传同等重要的事情，把商业理念融入慈善捐赠之中，有些慈善捐赠本身往往就是商业活动的先导和内驱力，很多驻区企业也通过与社区内的弱势群体结对扶贫的形式承担了救济弱势群体的社会责任。总之，在社区建设的舞台上，市场日益成为一支重要力量。市场所遵循的效率原则在社区建设中依然有其存在的空间与价值，利用市场机制来解决城市社区的管理和服务问题，其优越之处，一是有利于降低城市管理与服务成本，二是有利于提高管理和服务质量，三是满足社会居民多样化和不同层次的居民需求，四是可以促进政府转变职能，减轻不必要的负担。市场的介入一方面使农村本地土地资源、劳动力资源和外来技术、资金相结合，将原来的生产资源重新安排，组成了新的生产力，实现了在现代产业基础上经济发展方式的转变。另一方面弥补了政府和社会力量的不足。尤其是在社区服务的供给方面，市场能够凭借自身优势满足社区居民多样化、多层次的需求。

2. 政府在治理结构中的责任

由于存在着“不完善竞争”和“不完善信息”，市场也不是理想的，存在着“市场失灵”，“市场失灵”的典型例子包括公共物品、外部性、垄断尤其是自然垄断。单一的市场调节机制还具有一定的盲目性和滞后性，容易带来资源的巨大浪费和财富的不公平分配。这样，“市场可能失败的论调广泛地被认为是为政治和政府干预作辩护的证据”。换言之，市场失灵的领域就是政府干预的职责范围。从世界范围内许多国家开展社区建设的共同经验与现实来看，政府在社区建设或社区发展过程中发挥着重要作用已是无可辩驳的事实，而且这种作用在我国更为明显。一般认为，政府在社区建设中的作用可以形象地概括为“掌舵”，而不是“划桨”，其理想角色是促进者、组织者和指导者，其主要职责：一是提供支持（政府对社区建设提供的支持主要包括政策支持和财政支持两个方面）；二是统筹规划，三是指导协调，四是监督评估。我国政府在社区建设中所具有的特殊作用与关键地位同我国整个政治制度和整个改革历程是息息相关的。特别在我国这种典型的政府推动型的改革过程中，政府的角色至关重要，而我国特殊的政府管理体制和干部人事组织体制使政府领导人的思想与行为对于政府决策及执行至关重要，政府领导人的指导思想变化和政府部门政策调整对任何一项改革的成败具有重要作用，政府在行动中自上而下的动员色彩和主导性地位十分明显，这一规律也深深地镶嵌在我国农村社区建设之中。但政府干预的效能是有限的，政府干预也会导致“政府失灵”，就是说，市场解决不好的问题，政府也不一定能解决好。而且，由于政府所掌握的巨大权力和资源，“政府失灵”的后果也许会更加严重。原因主要在于以下几个方面：政府是公共经济的垄断者，其产出具有非市场性，衡量其质量和数量非常困难；政府机制缺乏竞争机制，缺乏有效的激励结构；政府行动依赖于官僚制，僵化、保守、目标置换、形式主义等官僚主义现象非常普遍；作为受委托人的政府，受到公平、就业、社会稳定等方面的压力，不能只遵循效率原则行动；政府及其官员也只具有有限的理性，政府干预存在着信息不完善的问题，并受到官员“自利性”及其各种“情欲”的影响；与政府强制性相关的再分配不仅会导致新的不公平，而且由于监督机制的不完善，使得寻租现象盛行。

3. 社会组织（第三部门）在治理结构中的责任

从上述对市场和政府责任关系的分析结果来看，市场并不是完美无缺的，政府干预更不是万能的。正是在这个背景下，第三部门，即介于政府与私营部门之间的各种社会组织的兴起受到了人们的关注和重视。第三部门名称繁多，如非营利组织、非政府组织、志愿者组织、自治组织、社会团体等。它们主要依靠会员缴纳的会费、民间捐款和政府财政拨款维持运转。第三部门依靠志愿者开展公益性行动，表现了其特有的志愿精神、社会公德、道德使命、责任心和同情心，是社会公共精神的承载者。第三部门具有汇集社会资源、发挥社会资本、彰显道德价值的作用，能够做那些政府和市场不愿意做、也做不好的事情。实践证明，在诸如教育、慈善、环境保护、消除贫困、权利保障、社会服务等社会领域，第三部门已经表现了巨大的生命力，并成为公共治理中的一支独立的力量。同时，第三部门的蓬勃发展及其活动领域的扩展，在促进经济增长、增加就业机会、扩大社会公平、推动政府改革、培养互相协作的公共精神以及增进国际交流与合作等方面，都产生了显著的积极效应。目前，在我国城乡社区建设中，社会组织呈现多样化的局面，除了具有市场性质的各种组织之外，还包括深具官方色彩的群团组织，如工会、妇联、共青团等；各种社区正式组织，如社区党组织、社区居委会、业主委员会等自治性组织；各种居民活动性的民间组织，或草根组织以及各种志愿性质团体。由于具有民间性、公益性、自治性、志愿性、非营利性等特征，社会组织在推进居民民主自治、满足社区居民对社区服务的多元、多层次需要、丰富和规范社区居民利益和意愿的诉求和反馈渠道与机制、监督和规范政府行为、促使政府职能转变、协调居民利益等方面具有其他主体所不具有的优势。社会组织“在参与社区管理、社区服务、社会救济等方面扮演着重要的角色，如在美国、加拿大，它是‘市场失灵’和‘政府失灵’的一剂药方。”由此可见，在社区建设领域，政府和社会组织是天然的同盟军，是最佳合作伙伴。建立党委领导、政府负责、社会协同、公众参与、法制保障的社会治理格局需要全面改革社会体制，重建权力（权利）与责任平衡的社会制度，充分发挥政府主体性、市场主体性、社会主体性。其中政府主体性表现为政府履行社会责任，包括塑造先进的社区理念、引领公认的社区价值观、创设公平的社区制度、提供均等的社区公共服务、激励企业和公民的社区参与，增强国家对社会的整合能力；市场主体性表现为企业履行社会责任，包括增强社区商业服务能力、为社区提供优质服务、开展社区公益行动；社会主体性表现为公民履行社会责任，包括增强公民意识、发展志愿精神、开展志愿行动、增进社区认同、增强社会自治能力和发展基层社会民主。政府主体性为社区带来公平与正义，市场主体性为社区带来资源与效率，社会主体性为社区带来活力与团结。

（二）部门主义与政府主体性错位

从政府内部的关系来看，我国现有行政体制是以职能分散和权力重叠为基础的部门集权和部门分割的“小部门制”。该管理体制具有两个突出特征。一是相同职能分散。按照业务单一化和职能简单化的要求，政府职能设置硬性地把具有因果联系的综合职能分割成若干单一职能，由不同的职能部门各自负责。“任何组织的扩张通常都会增加其领导者的权力、收入和声望，因此，他们鼓励组织的扩张。”一个由一系列独立的个体即“人”而组成的官僚政府，也是一个“经济人”的政府，每个政府部门、每个行政官员、每个执行者都有追求组织和个人利益的动力。当制度设置中没有促进部门之间应相互协作、协调和沟通，缺乏优化资源配置的激励机制时，人们选择不合作则是获得利益最大化的理性决策。因而，“公地悲剧”出现了，每一个部门都在追求部门利益最大化，而非追求社会公共利益的最大化。“各部门追求‘小而全’，固化自己的利益边界，力求拥有最大的权力、获得最多的资金、管理最多的人员，形成部门垄断”。二是不同权力重叠。任何一个政府部门往往同时具有决策、执行、监督三种不同性质的权力，导致了政府部门既自己“掌舵”又自己“划桨”的主体性错位。部门主义的显著弊端主要表现为职能交叉、权责不清、重复投资、资源浪费等，具体反映在社区建设中便是业务零碎、职能分散、设施重复、人员冗杂、资源浪费、效率低下。具体到农村社区建设共四点。①政府在行政过程中超越了其本来的职能和权限，把行政权力过多地运用到农村社区建设中。一些基层政府部门认为农民文化程度低，视野不宽、思路不活，容易满足眼前利益，无法胜任农村社区建设的繁重任务，因此习惯于用传统方法去指挥命令、替民做主，越俎代庖。②政府责任意识的缺失，多数基层政府及其官员不懂得、不习惯或不善于对社区自治性组织进行政策上的指导，对非政府、非营利性组织等第三部门社会组织的培育还不到位，对介入社区发展的专业性社会团体和社会工作机构的“资助性投入”不到位。③社区公共服务往往采用自上而下的供给方式，在没有经过科学论证以及汲取民意和公众参与的条件下，有可能导致政府及其领导人的认识偏差及决策失误，造成政府投入与农民需求脱节、供需结构失衡，形成“政绩工程”“形象工程”以及重复建设的现象，浪费人力、物力和财力。④一些地方不顾当地经济社会发展的实际，强行推进农村社区建设，出现盲目大拆大建和形式主义的倾向。哈耶克曾经告诫人们：人类社会存在一种“自由秩序”，盲目追求规划和控制的结果可能导致“理性的无知”及“致命的自负”。因此，部门主义带来的政府主体性错位不仅脱离了农村社区建设的根本目的，而且严重侵犯了农民的权益。

（三）利己主义与市场主体性不足

古典自由主义经济学亚当·斯密从“经济人”假设出发，认为个人投入市场经济活动完全是出于利己自私的心理动机，谋求个人利益的最大化是市场主体从事经济活动的基本动力。也就是说，人的理性就在于他能够在对各种利益的比较中选择最大的利益，以最小的代价实现自身最大的需要而个人利益最大化往往是通过市场交易来实现的，通过运用市场这只“看不见的手”，可以实现个人选择的最优组合以及个人选择与社会选择的有机结合，进而使整个社会富裕起来。“每一个人……既不打算促进公共利益，也不知道自己是在什么程度上促进那种利益……他所盘算的也只有自己的利益。在这种场合下，像在其他许多场合一样，他受着一只“看不见的手”的指导，去尽力达到一个并非他本意想要达到的目的。也并不因为事非出于本意，就对社会有害。他追求自己的利益，往往使他能比在真正出于本意的情况下更有效地促进了社会的利益。”在亚当·斯密看来，个人在市场经济活动中只需追求自己的利益，这种追求私利的经济行为在“看不见的手”的操控下而具有社会正当性，即个人追求私利的结果是促进了社会福利的进步，并使社会大众受益。当然，社会的进步和发展绝非单单出于“利己”之心。市场经济所要求的竞争是公平有序的竞争，从小的范围讲，竞争是排斥性的，可能导致排他和利己，然而从大的方面来看，竞争却有益于效率的提高。如果市场不受制约，利己主义将会泛滥，导致市场主体性缺失、社会道德沦丧和社会生活失序，只有完善市场竞争体系并健全法律规范，才能使利己主义在最大程度上发挥作用。这也是为什么近年来我们在保证以市场为主体的同时，还不断强调政府宏观调控作用的原因。改革开放以来，国家改变了过去将权力强制性植入农村的做法，在抛弃“全能主义”国家治理形式的同时也逐步减弱了对私人生活的控制，并将主要精力放在经济和政治的关键部门。结果，市场经济的价值观、商品生产的方式以及全球性的消费文化等成为推动农村社会变迁的主导力量，特别是随着市场经济的日益发展和全球化进程的加快，这种影响加速了对传统农村社会生活方式的解构作用。正如有学者所说："非集体化后国家对地方社会干预的减少引起了在私人生活发展的同时却是公共生活的迅速衰落；村民的个性和主体性的发展基本被限制在私人领域之内，从而导致自我中心主义的泛滥，他们只强调个人的权利，却无视应有的义务与责任，最终沦为'无公德的个人'。"农村社区建设的最终价值目标之一是实现农民的公民化。黑格尔在对市民社会的分析中尤为重视市场的自律性；我国学者邓正来教授也曾提出，培育市民社会要有两个必要条件：一是发展市场经济，二是培育多元自治的结社组织。从目前农村社区建设过程中的产业发展现状来看，搞农村的产业规划，至少已经具备了公民社会的经济基础。然而，市场毕竟属于经济活动的领域，从根本上来说其目的在于"赢利"，追求经济利益最大化是其首要目标，显然与属于社会建设范畴的社区建设所追求的公平与正义的价值取向有所差异。这种目标价值的差异决定了我们要看到利己主义的"两面性"，在农村社区建设过程利用市场力量时要持谨慎态度，一方面要积极发挥市场力量与参与解决社区建设的资源紧张和效率不高问题，另一方面要建立完善的激励机制与引导机制，通过对市场参与社区建设进行规范性、制度化的政策引导，激发市场主体（企业）积极承担社会责任，消除市场利己主义带来的负面影响。

（四）社会组织发育滞后与社会主体性需要

社会组织的产生往往是基于个体对他人的需要。作为政府的有效合作伙伴，社会组织的发展有利于形成社会协同和公众参与的治理格局。目前，学界认为社区建设是在中国式民主政治背景下发育公民社会的路径选择，是构建中国公民社会具有现实和可能的社会载体。特别是对于社区矛盾或问题的化解与解决而言，社会力量参与的缺少或不足，结果必然是政府过早地、直接性地介入，但是因为基层社会矛盾的复杂性，往往可能出现"清官难断家务事"的局面，行政手段并非最佳手段，依靠政府或行政力量并非能有效解决社区矛盾与问题。同时，国家或政府过多力量的介入，可能使政府陷入社区矛盾当中而不能自拔，这一方面影响到政府力量在其他领域工作的开展，另一方面政府过多介入也增加了政府的行政成本，造成有限行政资源的浪费，更为严重的是如果政府参与其中而又不能有效化解社区矛盾，必然导致利益相关者对政府的埋怨，而民众对政府的"失信"或"积怨"将会影响到政府行为以及政府在居民中的形象与地位，长此以往，可能引起政府和民众间关系疏远，甚至恶化，并且恶性循环，致使政府陷入"出力不讨好"的尴尬境地。因此，发展社会组织，不仅是增进社会管理和提高公共服务效率的需要，也是维护社会公平的需要，更是壮大社会力量、发挥社会主体性的作用，实现社区治理主体间的良性互动的需要。

长期以来，我们在“强国家—弱社会”的传统背景下，走的是一条工业化与城市化脱节、城市发展与农村发展脱节的现代化道路。现实国情是两个不对称的社会结构：一个是政府强势、市场强势而社会弱势；一个是工业强势、城市强势而农业弱势、农村弱势。这两个不对称的社会结构是造成农村社区建设进程中农民主体性缺失的宏观结构因素。从理论和自然的理想状态来说，政府、市场、社会和农民四种主体在农村社区建设过程中可以发挥各自优势来实现和满足社区建设的不同需求。然而，在当前农村社区建设的实践中，四种主体的角色功能定位不仅与上述理想状态存在差距，发生“错位”，而且四种主体间的合作关系在理论与现实间的距离似乎还比较远。社会服务是公共服务的一种，由此决定社会服务的生产和提供不能完全依靠市场机制来解决，需要政府承担供给责任。公共选择理论认为，政府在解决“市场失灵”的同时，自身也存在失灵。例如，政府在提供公共服务上存在高成本、低效率、垄断、寻租以及并不能完全代表社会公共利益等内在缺陷。从根本上而言，农村社区建设是一场在政府主导和规划下的“有计划的社会变迁”过程。从当前农村社区建设的过程来看，政府职能的宏观定位与微观操作、理论应然与实践现实之间却存在诸多矛盾；市场因其具有的效率优势虽然为社区建设注入了活力，但其与生俱来的功利性目标却对社区建设公平正义的价值追求造成了一定的冲击；社会本应作为重要“第三部门”力量成为社区建设的主力军，但却因其发育稚嫩而力量孱弱；社区成员的参与本是社区建设的前提与基本要求，但作为具有一定利益追求的理性化个体，却基于自身利益的理性化考虑使得其参与社区的步履蹒跚，而且个体理性化的行为往往并不一定与政府或社会理性化行为保持一致。于是，在当前我国农村社区建设过程中，尽管不同的主体都不同程度地参加到社区建设活动中来，但他们所具有的功能和发生的作用却是不均衡的，出现的是政府忙碌、市场逐利、社会孱弱和成员消极的局面。本来四种社区建设主体在社区建设领域中存在价值和功能上的互补，存在行为上合作的必要性，也具备行为合作的可能性与空间，但因四种力量的非均衡性和我国政治、经济与社会的宏观背景的制约，使其合作往往出现种种困难或与最佳理想合作状态存在一定距离。正是由于农村社区建设场域中各行动主体合作不足的同时又出现角色错位，才导致了农村社区建设进程中出现政府主体性过强、市场主体性不足、社会主体性虚弱和农民主体性缺失的集体行动之困境。

第五节 农民主体性建构的路径与机制

农村社区建设离不开各行动者的共同作用，作为社区建设行动主体的农民发挥其主体性至关重要。而以上调查研究表明，农民主体性相对缺失，那么，农民主体性建构何以可能？根据"主体性互构"理论的分析框架，中国的社区建设是一个"国家在场""市场在场""社会在场"的共同建构社区共同体的历史进程，又是政府主体性、市场主体性、社会主体性交互建构的实践过程。因此，农民主体性建构不是农民自身单方向建构，而是政府主体性、市场主体性、社会主体性交互建构的过程，而只有满足了"主体性互构"的四个前提条件，具备"主体性互构"的环境和机制，才能达到农民主体性建构目标。很多专家拟从"重建"和"互构"两个方面考虑农民主体性建构的路径和机制。"重建"是指以社区建设为基础，把公平、效率和参与作为重建农村公共生活秩序的价值取向，重新界定农村社区生活共同体；重新建构农村社区生活共同体的生成机制，重新建构农村社区建设主体间关系，使农村社区生活共同体成为实现农民主体性建构的生活世界和公共领域；"互构"是要以社区建设为路径，在政府主体性、市场主体性、农民主体性的相互建构中实现农民主体性的发展，从而使我国走上公共政府、公民企业、公民社会的良性互动。

一、 重建：农民主体性建构的路径选择

（一）重建农村社区生活共同体

1. 重建农村社区生活共同体的认识

一般认为，"社区"一词最先由德国学者滕尼斯提出。在《共同体与社会》这部著作中，滕尼斯认为共同体和社会体现了两种截然相反的社会关系。按照滕尼斯的看法，传统的农村村庄是共同体的代表，新兴的商业化城市则是社会的代表。滕尼斯还认为，尽管传统的共同体时代必然被新兴的社会时代所取代，尽管传统的人

际关系必然被现代工商业条件下的人际关系所取代，但是，共同体的生活方式、价值观念以及人际关系中的精华部分还将继续持久地存在于社会的生活方式内部。与滕尼斯略带悲观色彩的情绪和态度不同，涂尔干认为传统社会个人与社会的关系主要是一种机械团结，而现代社会是建立在社会分工和利益交换基础上的有机团结。“前一种团结是建立在个人相似性的基础上的，而后一种团结是以个人的相互差别为基础。前一种团结之所以能够存在，是因为集体人格完全吸纳了个人人格；后一种团结之所以存在，是因为每个人都拥有自己的行动范围，都能够自择其境，都有自己的人格。”齐美儿和沃斯提出了社区消失论，认为工业化、市场化和城市化使乡村社会那种亲密关系消失了，人们失去了情感认同和心理归属。刘易斯则提出了社区发现论，认为在美国都市里的少数民族还保留着村落共同体，如在意大利城、日本城还存在滕尼斯所说的那种紧密关系。但无论这一概念的侧重点和表述方式如何不同，其核心内涵是非常清晰的，那就是对“共同体”的追求。传统的社区共同体概念是指个体之间、家庭之间在频繁交往中、彼此互助中所形成的紧密关系，从这种意义上来说，虽然聚居在同一区域，但没有稳定的情感认同和交往合作的人群不能算成社区，可以说，“共同体”是社区的本质。传统的社区共同体概念关注焦点是在假定“政府不在场”和“市场不在场”的条件下个体如何通过建立属于他（她）自己的社会关系网络，从而摆脱“原子化”的生存状态，实现社群认同和社会整合的目标。由于传统的社区共同体概念未把政府和市场纳入分析视野，忽视政府和市场在社区建设中的作用，因此往往会陷入“有社会、无政府、无市场”的认识误区。而中国社区建设的事实经验表明，社区是一个政府提供公共服务、市场提供商业服务、社会提供志愿服务的“政府在场”“市场在场”“社会在场”的多主体互动场域。社区建设的中国道路实质是共产党领导的政府、市场、社会共同推进社会建设、实现社会现代化的道路。在人类社会中，任何生命个体要想生存下去，必须依存于自己周围的环境和人群，这是生命的共同体本能。人类的这种社区本能体现了人的社会关系，在社会学意义上称其为“社区”。陈伟东教授在实证研究的基础上，将马斯洛的个人需求层次理论与个人在社区中的需求相结合，绘制出了在具体微观社区中的个人对社区公共服务需求的层次逐步提高。

从调查中可以看出，人是社区中的人，人们需求最重要的一部分就是对社区公共服务的需求。生存于社区，人有两类基本需要：家庭生活需要和公共生活需要。前者表现为私人物品如衣、食、住、行、休闲、娱乐等，后者表现为公共物品如社群认同、公共服务、公共道德、公共参与、公共活动等。社区建设要为满足人的家庭生活需要提供必要的商业设施和商业服务，也要为满足人的公共生活需要提供必要的公共设施和公共服务。社区是人的私人生活领域，也是人的公共生活领域，前者体现了社区生活的个体性，后者体现了社区生活的公共性。中国社区建设的目标是要把社区建设成为“管理有序、服务完善、文明祥和的新型社会生活共同体”，说明社区是公众的生活世界，是私人生活领域和公共生活领域的“重叠”，从而彰显了社区建设的公共性。农村社区建设从价值追求上来看，就是要将传统松散的村落共同体转变为新型的社会共同体，体现在集体经济共同体、社会生活共同体两个主要方面。其中，集体经济共同体是农村社区的基础，目标是“生产发展、生活提高”，这也是农村社区与城市社区的最大区别之处。在社会生活共同体方面，农村社区与城市社区趋同，目标都是“管理有序、服务完善、文明祥和”。如果说城市社区主要关注人们的社会生活的话，那么农村社区还必然关注人们的生产关系，在内涵上有所扩大。同时，农村社区在建设集体经济共同体与社会生活共同体之间并没有绝对的分离，两者是相互补充、相辅相成的关系。

城市化和现代化是重建农村社区生活共同体的环境条件。按照波兰尼的观点，市场转型发生之后，土地成为商品，将人和土地相分离，从而破坏了人居住的自然环境，并使失地的农民成为流离失所的乡村贫民；土地成为商品，生产组织的商业运行产生了巨大的风险；而人本身也成为到处流动、随时买卖的商品，不仅是从亲属、街坊这样的社会关系中被剥夺出来，更在文化上被剥夺，从而被机器主宰。随着工业化和市场化的介入，农村居民逐渐打破了血缘和地缘的限制，日益向社会性、开放性转型，基于血缘、宗族关系之上的传统封闭性的村落共同体日趋分裂和瓦解并不断向现代社会共同体转型，从而使重建农村日常生活共同体成为可能。

现在农村的产业结构、社会结构都发生了深刻的变化，特别是大量中青年劳动力外出务工，正在悄然改变着农村的人口结构、居住方式和生活习惯。农业产业结构的转型也在很大程度上推动着农村经济和社会结构的变迁，现代农业生产方式的推行造成一部分不再全身心关注于具体而微的农业生产的“脱域”农民。在农民越来越脱离与土地的直接联系之后，他们原来依土地而形成的社会关系网络也将被削弱，而一旦农民离开了土地及建立其上的社会关系，也就意味着重建农村社会生活共同体的必要。

2. 公平、效率、参与是重建农村社区共同体的价值取向

“十二五”规划纲要明确要求：要“构建社区管理和服务平台，健全基层管理和服务体系，推动管理重心下移，延伸基本公共服务职能。规范发展社区服务站等专业服务机构，有效承接基层政府委托事项，以居民需求为导向，整合人口、就业、社保、民政、卫生、文化以及综治、维稳、信访等管理职能和服务资源，加快社区信息化建设，构建社区综合管理和服务平台”。这实际上蕴含着三个方面的价值取向和建设要求：一是公平的价值取向，要求社区基本公共服务惠及城乡所有居民；二是效率的价值取向，要求城乡社区公共服务在供给和使用上发挥出最大效益；三是参与的价值取向，要求在更大范围内实现社区居民的广泛参与，关注公共事务和公共利益。具体到农村社区建设，在公平方面主要是指社区所提供的服务项目和服务设施是否做到了城乡均等化而且能够满足不同居民的公共需求；在效率方面，主要是指各种公共服务的配置和利用是否实现了成本最小化、收益最大化。在参与方面，主要指农村社区居民不仅是管理和服务对象，还应该是公共管理与社区服务的参与者和享受者。社区公共服务体系的完善与农村社会生活共同体的重建都离不开一个核心的变量——村民的参与。农村社区建设必须以农村居民的参与为主体，没有农村居民参与，就不能实现共同体的重建。

满足农民需要是重建农村社区生活共同体的行动目标。“人的需要”是实践主体建设的动力。马克思主义人学理论认为，人的劳动产生人的需要，而人的需要又是人类一切历史活动的动力。“没有需要，就没有生产”，需要是“创造出生产的观念上的内在动机”。人的需要（不论是物质需要，还是精神需要），“是推动人去生产、形成生产力与生产关系矛盾运动的初始动因；人的需要又是人的行动、交往发生的初始动因，更是关系到社会稳定、社会和谐、社会变化发展的深层次动因”。根据马克思主义人学观，“人的需要”是客观现实的需要、是主观能动的内在需要。农村社区建设实践主体建设，更要关注农民作为主体人的需要。在现今时代，随着市场化的发展，农民分散化的同时对于社会公共服务的需求更加强烈，要求国家、社会和社区能够提供更多的社会支持和保障。“随着农村改革及乡村社会分化，建立在集体经济及政治控制基础上的社区日益解体。在新的历史时期，依靠加强农村基层政治与行政管理以及经济的集体化或合作化都不足以重建社区和社会生活共同体，应通过加强农村公共服务，用服务将人们联系起来，在服务的基础上重建农民的社区及社会信任和认同，构建新型农村社会生活共同体。”村民不仅有生活方面

的需要，还有生产方面的需求，农村的社区建设必须建立在“满足三个需要”基础之上，即满足农业增产和农民增收的需要，提高农村经济发展效率；满足农村公共产品的需要，促进城乡基本公共服务的均等化；满足农民能力提升的需要，增强农村可持续发展能力。

（二）农村社区建设主体间关系

1. 走出“行政干预过多”误区是重建农村社区建设主体间关系的前提

对美好生活的向往和追求是人类孜孜以求的目标和理想，社区建设的提出也正反映了人们的这一美好愿望及诉求。“从古到今，不知产生了多少乌托邦的计划。每个时代都有人想组成一些理想的社区，使生活于其中的人能感到满足并且看不到一股社会上常见的弊端。”相对于传统自发生长的社区，现代意义上的社区主要是一种国家建构或理性规划的社区。不同的目标、手段和方式在相当程度上影响和决定社区建设的结果与成败。20 世纪以来，人们试图通过政治和行政手段改造乡村，实现乡村管理和社会秩序的有序化。虽然行政推动可以调整和变更基层社区组织与管理体系，但这种依靠经济和超经济的政治强制组成的只不过是生产共同体或行政体，而不是社会生活共同体；依靠权力和强制可以组建一个个机械的政府“单位”，但这并非是建立在人们内在认同基础上的“共同体”。在新一轮农村社区建设中，国家从一开始就强调将农村公共服务作为农村社区建设的重要内容和基本手段，旨在通过走“服务之路”，增强农村社区的凝聚力和归属感，重塑农村社区认同，提高农村居民的生活幸福感和尊严，让人们不分城乡、地域、职业、身份均能享受基本公共服务的平等权利，促进城乡社会的融合及经济社会一体化进程。政府主导型发展方式一方面起到了动员、组织、引导、规划和推动的重要作用，另一方面也遭遇到了一系列的难题和挑战。例如，农村社区建设经费投入缺乏固定渠道和制度化保障，各地在社区建设经费投入上存在投入不足和供给不均的现象。农村社区试点的开展与地方的积极主动尤其是试点地区主政者的重视和支持密不可分，有的地方甚至出现了“主管领导的重视程度决定了农村试点社区建设的力度和速度”这一“规律”。一些地方的政府按照“统一规划、统一设计、统一实施”的思路进行农村社区建设，往往会忽视农村社区和农民的异质性特点，造成了农民在社区建设过程中选择权和创新性缺失。还有一些地方政府在容易显绩、偏离农民实际需求的“村容整洁”方面大做华而不实的表面文章，致使农村社区建设由理想中的“民心工程”

变成了基层干部的"政绩工程"，其结果是"冷了群众的心，伤了国家的财"，严重阻碍了农民创造潜力和创新意识等主体性的发挥。

2. 合作主义是重建农村社区建设主体间关系的行动理念

作为一种理论的合作主义于第二次世界大战期间出现，其理论目的是希望建立一种由国家通过工会、生产协作组织控制工人群众的一种社会结构或制度。20 世纪 80 年代以来，合作主义理论成为诸多社会科学领域的学者用来阐明社会政策主张、解释社会结构与国家和社会关系的又一种重要的理论分析框架。正如合作主义重要理论家斯密特所说的，合作主义的目的"是要提供不同于多元主义的社会结构类型，其重心在集团行为和体制的关系，即用一种结构将公民社会中的组织化利益联合到国家的决策机构中"。而现代治理理论认为：政府并不是国家唯一的权力中心，各种公共的和私人的机构只要其行使的权力得到公众的认可，就都可能成为在各个不同层面上的权力中心。因此，在新合作主义的制度安排内，国家与社会互相承认对方的合法性资格和权利，社会参与以功能团体的形式实现。在合作主义模式下，构建一种新型的政府与社会关系，推进政府与民间组织在社区服务和社会管理等领域形成一种互惠的合作伙伴关系，实现政府与社会共同推动社区发展的局面。合作主义特别重视利益分化和权力多元基础上的有机整合、相对均衡、有序和协调一致。合作主义作为制度安排的价值理念，有助于中国治理的平稳转型。在合作主义理论视野下，社区伙伴关系的建立成为可能，特别是制度性的伙伴关系成为可能，而伙伴关系的确立有利于共治格局的形成。这种伙伴关系强调多元化的民主参与，即公民、民间组织以及基层行政人员等多元社会主体对公共治理的共同参与，从而达到政府与公民社会良好合作的新境界。合作主义强调制度性整合，主张政府权威与社会团体进行制度性合作，达到双方受益。

合作主义强调每个行动主体在治理过程中要承担不同的角色和功能，并活跃在自身最擅长的领域，在保持独立性和自主性的基础上实现功能互补和帕累托改进。在农村社区建设这一行动场域，政府的特长是统筹规划、制度设计、资源引入和公共财政供给，故而需要在城乡社区建设发展规划、体制机制创新、公共服务均等化、实现农民国民待遇等方面"在场"；市场的特长是实现资源配置的最优、敢于创新和冒险、产生规模经济，故而需要在土地集约化、规模经营、现代农业及农民增收等领域发挥作用；社会的特长在于对政府、市场功能的弥补，灵活多变，能利用大量社会资源，产生信任，实现对问题的全面处理，故而需要在农民公民意识和公民权利、自主参与公共事务治理、农民组织化、志愿互助服务、社会共同体构建等内容体现自身价值。

二、互构：农民主体性建构的机制选择

农民主体性建构不是农民自身单方向建构，只有在政府主体性、市场主体性、社会主体性交互建构过程中才能实现，换言之，只有满足了“主体性互构”的四个前提条件，具备“主体性互构”的环境和机制，才能达到农民主体性建构目标。

（一）规划、激励、培育：政府主体性与市场主体性互构

1. 做好农村社区建设规划

一般地说，要系统开展农村社区建设，首先需要从社区实际情况出发，制订切实可行的发展规划和工作计划，并按计划开展活动。农村社区建设规划主要包括农村社区选址布点规划、支撑新型农村社区发展的产业规划、生产性和生活性基础设施规划和公共服务设施规划。政府在规划时，一是要确定社区农业产业现代化的发展方向、产业发展的结构和产业发展的目标，按宜农则农、宜商则商的原则，充分体现农民属地就业，就地实现生活方式的转变；二是要确定产业发展布局，促进土地流转，引导以农产品加工、现代服务业为主的第二、第三产业的发展，确定农产品加工、现代服务业等用地规模；三是要深入研究当地文化底蕴和地方特色，合理确定功能分区和职能定位，充分体现现代意识和历史文化、周边环境相结合的原则，既体现时代特征又突出地方特色；四是要注意景观和空间的完整性，处理好建筑、道路、广场、庭院、绿地和建筑小品之间及其与人的活动之间的相互关系。城乡社区规划是推进城乡一体化发展的“龙头”，没有规划的一体化就不可能保证城乡一体化战略的顺利实施。例如，贵安新区在农村社区建设中秉持了“全域贵安新区”的规划理念，统筹规划城乡空间布局，注重城市和乡村之间空间功能的均衡与融合。同时，在试点社区层面也先后高标准地编制了《新社区建设规划》《新社区建设实施方案》《新社区迁村腾地方案》等一系列规划、方案，起到了很好的引领作用。就经济构成来说，以前TS社区和DG社区几乎为农业耕作和水产养殖，无产业基础，沿袭长年生产习惯，呈低收益农业状态，青壮年劳动力基本上外出打工。而现在两个社区都实施了“产业兴村”发展规划，不仅引来了多个市场项目，而且产业方式已由传统的农业耕作和水产养殖转换为现代生态农业和文化旅游产业。例如，社区

规划的总体思路是：以产业为支撑，通过发展现代农业、休闲生态、观光农业，打造旅游新社区。规划方案充分发挥该地紧邻“江、湖、港”的优势，彰显宜居、宜业、宜游的特点，充分促进了市场主体性的发展。

2. 激励企业履行社会责任

企业社会责任的观点最早是由美国钢铁集团公司的创始人安德鲁·卡内基提出的，他认为，企业管理者应将自己视为社会利益的受托人，富人有回馈社会的义务，应该捐献财富以为社会谋取福利，也就是说，企业的社会责任主要通过慈善行为和公益事业体现。20 世纪以来，很多著名学者和企业管理者公开表示对企业社会责任的支持。社区建设的中国道路其外延涉及执政党建设、服务型政府建设、公民社会建设、企业社会责任建设。推动企业承担社会责任需要通过政府主体性与市场主体性互构，依托财税优惠政策、产业平台建设等载体。仍以贵安新区市为例，为了顺利推进农业产业化，贵安新区各试点社区对所参与的市场主体制定了很多优惠政策，激励企业履行社会责任，如减免项目公司两年的土地租金，提供立项、税务、基础设施等方面的便利。企业则通过聘用失地农户并为其提供技能培训，既解决了自身运转过程中人才短缺问题，又享受到了当地政府为企业发展创造的良好条件，实现了企业增产增值的目的。其中，社区蹇兴达园林绿化工程有限公司在该社区承包多亩土地成立苗木基地，得到了当地政府的大力支持，投资过程中需要的诸如立项、规划、工商、税务等各种手续都是政府协助办理，而且在租金、保险、办公楼用地、水、电等方面还享受到了优惠政策；社区在推进建设过程中为了保障迁村腾地工作的顺利进行，社区党组织紧密结合村情特点和本地市场项目建设实际，重点发展商贸流通、建筑建材、花卉苗木、旅游服务四大产业，为实现失地农民在本村就业和农村新社区的可持续发展创造了有利条件，而社区所属企业在相关优惠条件和补偿政策的鼓励下，将所有有工作愿望的劳动力进行安置，成功解决了失地农民最关心的就业保障问题。

3. 培育和发展农村市场主体

与城市社区建设不同，农村社区建设的关键在于满足农业增产和农民增收的需要。为了提高农业效率，必须依靠农业产业化培育。如果没有产业支撑，社区就成了简单的人口集聚地，社区发展就会失去可持续发展的动力。培育和发展农村市场主体仍离不开政府和市场的合作。贵安新区各个农村试点社区根据各自的区位优势、资源优势、产业优势、经济结构、人口分布和社会发展水平等因素进行合理定位，采取“依托项目建新村”的办法，因地制宜发展龙头企业和品牌农业，逐渐形成“社区—园区—品牌”的产业发展格局。如社区发展了冰糖西瓜、黄金梨、甜玉米、大峰木业、蔬菜大棚、农家乐等项目。社区把农业发展公司作为社区建设的一个重要组成部分。根据自身需求，组建了为适应当前土地集约经营，公共建设和项目建设等用地需要而成立的一家以土地合理流转和经营为主的农业发展公司。该公司的成立不仅为该社区建设项目、建设用地和土地集约经营铺平了道路，也使村级集体经济组织向集约化、公司化、规模化、市场化方向发展。该农业发展公司先后引进了华中农业大学教学科研示范基地、浙江千亩花卉苗木基地、大自然精细花卉苗木基地等多个农业产业项目，初步形成了以生态农业和观光旅游为基础的产业支撑模式。社区目前已经形成了以蔬菜和水产养殖为主的两大产业；社区的主要产业除了有享誉全国的金刚石刀具工业园，还有占地200亩的特色农业园（葡萄基地）、占地200亩的林业经济园（林果基地）和100亩的设施农业园（大棚蔬菜基地）；HS社区主要以种植和水产养殖为主，先后引进“农瑞祥蔬菜出口公司”，建大棚基地，“四海胡盛丰水产繁殖有限公司”，建小龙虾、现代渔业为特色的生态水特产养殖基地，花卉林果基地600亩；HD社区则结合红莲湖地区的市场、资源，挖掘自身优势，通过村民入股筹资、村民自治的形式组建恒辉物资等四家公司，承接恒大、宝安等项目区的建筑施工、建筑材料供应等业务。

（二）保障、服务、增能：政府主体性与农民主体性互构

1. 加强对农民的社会保障和福利供给

农村社区建设往往与土地流转相伴。一方面，在缺乏就业机会的情况下，让农民在短时间内告别农业这一“主业”，并改变其居住方式，容易导致严重的社会分化和新的社会不平等。因此，在农村社区建设的过程中必须注意这部分人的生计保障问题: 第一，健全农村居民最低生活保障体系，实现制度完善、全面覆盖、标准适当、配套措施齐全的城乡一体化的最低生活保障制度；第二，全面推行新型农村合作医疗（简称“新农合”）；第三，积极推广新型农村社会养老保险（简称“新农保”）。另一方面，伴随着土地流转和社区产业的发展，农村社区的集体财力随之增强，集体经济得到发展，必将带动农民集体福利的改善。在调查中发现，很多农村社区把通过引进产业项目而收取的租金，一部分用于支付失地农户的赔偿金，另一部分当作集体累积用于改善村级福利，范围涉及子女入学、老人养老、大病救助、计划生育、

婚丧嫁娶等。随着村级集体资产的资金积累不断增多，带动了福利救助标准的提升和受益人群的拓宽，从而实现农民福利水平的整体提高。例如，某社区为实现老年人“老有所养、老有所依”，自行筹资194万元兴建老年公寓，按每户50平方米一室一厅一厨一卫格局设计，统一装修、统一配备生活用品，社区年满70周岁以上老人可免费入住，并有专人护理，而且每月每人发放200元生活补助，现已有38名老人入住。TS社区规定，凡是本社区考上重点高中和高等院校的学生可享受不同层次的村级奖励，并给予70岁以上的老人500元/年、60岁以上老人的300元/年的补助。HS社区规定，考进一类大学的学生，村里奖励1000元；纯女户村里给予一定补助，小学生考试前三名村里也会给奖励。另外，社区逢年过节给村里生活困难人员“送温暖”以及村里老人去世时送上200元的慰问金，一般也都属于村集体福利范畴。

2. 提供完善的社区公共服务

农村公共服务设施短缺、公共服务水平不高一直是困扰城乡基本公共服务均等化的突出问题。从农村公共服务产品的供给机制来看，大都是由各级政府和部门自上而下决策供给，这种机制体现的主要是各级政府及相关职能部门的需求偏好，在决策中起决定作用的往往是政绩、领导人意志以及发展规划等，而且供给总量与结构标准以文件和政策规定的形式下达，从而导致公共服务的供给与需求脱节。要解决这个问题，首先，要切实改革农村公共服务供给决策机制，采取多项措施扩大农民参与社区公共服务建设。完善农村公共服务的需求表达机制，在农村公共服务投资决策程序中充分体现民意，建立以农民、农村的内部需求为导向的农村公共服务供给机制，实现决策机制由“自上而下”向“自下而上”的转变。对于拟建公共服务项目要进行充分的科学论证，加强项目的可行性分析，避免因不切实际的“形象工程”“政绩工程”的上马而浪费有限的公共服务资源。其次，要建立多主体的农村公共服务供给机制。进一步加大政府对农村公共服务投资的力度，坚持城乡统筹考虑、重点向农村倾斜的原则，不断提高财政支出中对农村投入的比重，在确保农村社区正常运转经费需要的前提下，逐步形成政府财政对农村社区投入的持续增长机制。继续鼓励和引导社会资源积极参与社区公共服务的生产和供给，提高基本公共服务的供给效率和供给质量。最后，在公共服务方面继续提量升级。如建立农民急需的农业生产服务体系，加大对农民的知识和技术培训，完善相应的农产品“产、供、销、保”渠道，及时发布相关农业信息和资讯，农村社区服务中心要以“公共性、开放性、参与性”为原则，提倡“居民服务为主、办公为辅”，做到绝大部分空间向村民开放，并完善相应功能和设施。

贵安新区通过统筹城乡公共服务，扩展和完善农村社区公共服务的设施和功能，从而使农村居民享受到与城市居民同样的公共服务。在生产性公共服务项目方面，社区根据居民的实际需求增设服务项目，如农田水利设施建设、农业技术培训服务、育种、施肥、病害虫防治、畜牧防疫检疫、农机技术、农资供应、农业补贴、农村信贷、就业信息、农产品供销信息等。如 LK 社区三年来先后完成了两座大型出、排水站的改造、10 座小型抽水站的新建工作，完成近万米的渠道硬化和 4000 多米的巷道清淤，完成当家塘改造 5 口、两打两晒场 4 个。根据居民问卷调查显示，当地居民对生产性服务设施或项目供给的认同度相对较高，如农田水利建设为 76.2%，畜牧防疫检疫为 78.3%，病虫害防治为 72.9%，农业补贴为 69.9%，农业技术培训为 69.1% 等。农民在服务中享受到实惠，进一步促进了农业的增产增收。在生活性公共服务项目方面，农民享受到了便捷的生活性公共服务。自贵安新区推进城乡社区一体化建设以来，农村基本公共服务覆盖面不断扩大，农村社区公共服务设施和服务项目在类别和数量上都已初步形成了与城市社区相似的格局。在农村新型社区，农民不出社区就能享受政策咨询、证件办理、卫生医疗、就业培训、文化娱乐等优质、便捷的公共服务，给村民的生产生活带来了极大便利。总之，政府公共财政及时补位、农村公共服务条件改善和村庄集体福利的增加，促使农民的生产方式、生活方式、交往方式和居住空间都发生了日新月异的变化，获得同等国民待遇的农民认同感增强，正以崭新的面貌投身于新农村建设的浪潮中。

3. 提升农民综合素质和能力

在农村社区建设进程中，任何一种村庄之外的力量或者能量在特定村庄看来都只能是一种外在因素，而不可能是一种内在因素。在此语境下，农民作为其所在村庄的主体，在建设自身的家园中必然发挥着决定性的作用。“许多致力于实现现代化的发展中国家，正是在经历了长久的现代化阵痛和难产后，才逐渐意识到：国民的心理和精神还被牢固地锁在传统意识之中，构成了对经济和社会发展的严重障碍。”因此，农村社区建设中唤起农民参与的自觉性，实现其主体性，根本在于提高农民的综合素质和能力。一是要提高农民的教育科技文化素质。要重视农村成人教育，可以利用农村职业技术学校对农民进行系统的职业技术教育；利用电视、广播、网络等现代传媒向农民进行实用性职业技能培训；开办农民夜校，建设基层文化宣传中心，为农民营造良好的学习氛围和环境；积极开展送科技、文化下乡活动。二是要强化农民的组织意识，培育和提高农民的自组织能力。公民性成长的一个重要途径就是组织化生存，组织化生存为公民精神的培育提供了空间，而这种组织化的存在又构成了社区发展的一个重要推动力。在任何地方和任何有效的实践中，个人只有在组织化群体中并通过组织化活动才能满足其兴趣和需求，并展开其任何有效的行动。三是培育社会资本，提高农民的社会参与能力。社会资本是蕴含在社区内部的个人与组织之间或组织内部的关系资本，社会资本的积累最终表现为社区网络的形式，其中民间社会组织是其主要载体。拥有丰富社会资本的社会组织对于构建“主体性互构”的内容和机制具有重要的意义。丰富的社团组织、宽广的社会网络、较高的信任，则可以增加信息传递、降低信息障碍，促进协调合作、控制违规行为，减少交易费用、增进交往，增加互惠行动、促进集体行动，推进社区治理。

4. 培养农民的公共精神

社区居民广泛参与是现代社区治理的主要表征，是社区建设和社区治理的内在动力，而“公共精神是扩大公民政治参与的根本精神动力”，它是一种“为共同体利益而超越自身利益的良好品质”。然而，由于受文化传统、社会历史条件等多种因素的交织影响，中国社区居民参与社区治理的公共精神长期处于“休眠”状态。“要使得公民自觉地参与政治，仅仅依靠他们自身的个人利益驱使是远远不够的，还必须有足够的公益心，即对公共事务的关怀。”密尔认为，“人类发展的内在要求绝不是让人成为自私自利之徒，只专注于可怜的自我存在而对其他一切麻木不仁；而是在于某种更高的追求，即充分体现人何以为人的实质”。他在《代议制政府》一书中一再强调政府有责任培养公民的公共德行，改造人心，培养他们的政治参与能力。然而，公共精神不是一朝一夕就可以养成的，它必须在社区居民日常生活中各个方面加以贯彻，逐渐获得训练，积久成习，公共精神就成了自然而然的思维、态度和行为方式。首先，政府要善于利用各种渠道和载体推动农民公民意识的提高。其次，要依托多元化的组织载体和丰富多彩的活动形式，动员人们积极参与和行动，把公民教育镶嵌在参与和行动中。再次，使农民从“个体性”走向“公共性”，要有一定的制度保障。制度建设的重点在于设计出来的制度是否可行，是否具有可实施性。在调研中发现，一些社区依照法律法规制定了相关的规章制度，明确了农民的权利、义务和责任，对培养农民的公共精神具有积极作用。

（三）合作、责任、共赢：市场主体性与农民主体性互构

作为一种组织形态，“合作社是由自愿联合的人们，通过其共同拥有和民主控制的企业满足他们共同的经济、社会和文化需要及理想的自治联合体。”从这一概念出发，所谓农业专业合作社就是农业从业者为了谋求、维护和改善其共同利益，按照自愿、公平、民主、互利等原则，通过共同经营活动建立起来的互助型经济组织。这种组织相对来说比较强调组织成员的同业性，大致包含了农民专业合作社、农民专业协会等主要形式。合作社是一个具有多重功能的复杂组织。从生产成本的角度来看，合作社具有纠正市场失灵的作用和节约交易成本的功能，如农民参加合作社，通过联合的方式提高了生产效率，实现规模经济，降低了资产专用性、不确定性、有限理性和机会主义等因素的影响。从非经济因素角度（人文价值、生活方式、社区意识等）来看，合作社既是为成员服务的，也是为整个社区服务的。一方面，合作社的目标是满足成员的特殊需要并向成员提供服务；另一方面，合作社提供的是人文价值，体现的是一种生活方式，强调的是社区意识、个人决策意识和不剥夺他人意识。对合作社价值的相关研究表明，对乡土规范的信仰，如家庭、亲戚、伙伴，在推动农民参与合作社方面曾经起到了重要作用。合作价值在促使农民加入合作社的同时，也有助于合作社在社会制度层面获得支持和寻求合理性。此外，还认为，某些心理因素，比如安全感，也是导致集体行动的原因。通过参加合作组织，农民可以避免与社区内其他成员的疏远感。一些非经济因素，如对组织的情感投入、归属感等，在经验研究中得到了证实。

农村社区的经济发展需要将自身的独特优势发展成为产业，只有这样，社区的经济发展才能维持下去。目前，农业还是一种典型的弱质产业。在现代农业的发展过程中，农民加入特定的经济合作组织，走产业化经营道路必将是一种主要发展趋势。产业化经营要求把农户家庭、农业行业协会、农业龙头企业和农业合作组织等组合起来建立“四位一体”的高效农业模式。这样的模式不仅会促进农业生产的发展，而且还会加强农民的组织化程度。仍以贵阳市为例，为了顺利推进农业产业化，贵阳市各试点社区对所参与的市场主体制定了很多优惠政策，激励企业履行社会责任。如减免项目公司的土地租金，提供立项、税务、基础设施等方面的便利。企业则“以技术换土地”的方式形成“公司＋农户”“公司＋基地＋农户”等多种形式的农业产业一体化经营体系。企业一方面通过聘用失地农户并为其提供技能培训，解决了自身运转过程中人才短缺问题，另一方面又享受到了当地政府为企业发展创造的良

好条件，实现了企业增产增值的目的。调研中发现，贵安新区农村社区也出现了一批致力于为农户提供供销、技术和金融服务的农民合作经济组织，它们是由特定农产品生产者自己兴办、管理、分配，开展专业性技术经济服务的具有合作性质的农民自发组织，如DG社区冰糖西瓜协会、HS社区建华农业生产合作社、社区特色蔬菜种植协会等，不仅满足了农民生产和经济活动中的需求，而且增强了村民的生产互助能力。DG社区的冰糖西瓜基地采用“公司＋个人投资＋技术入股＋农户承包”的方式进行运营。其中公司（股份约占80%）负责总体管理和服务指导，获取纯收益额的50%；个人（股份约占20%）负责基地的日常管理，获纯收益额的50%；技术入股者则以“技术换土地”租地若干亩，按照合同约定不缴纳租金，并可享受一定的村级福利待遇。通过土地流转和农业产业化，农民转变成农工，收入渠道从一个（种地）变成多个（打工、土地租金、土地入股的股金收入）。同时，土地效率的提高带来农民家庭经营收入和工资性收入的大幅提高。根据对全区180户农村居民抽样调查资料显示，2011年上半年，贵安新区农民人均现金收入3639.6元，同比增加596元，增长19.58%；涨幅比去年提高了5.58个百分点。总之，利用农业经济合作组织这一平台，农民和市场的主体性在交互建构中向前发展，在互动合作中实现共赢。

同城市社区建设一样，我国的农村社区建设也是一场国家主导、多主体参与的集体行动过程，走的是一条共产党领导、政府主导、市场介入、社会参与的社会现代化道路。政府、市场、社会的互动使农村社区结构发生了深刻变化：农业生产逐步市场化、农民生活逐步社会化、农村公共服务逐步均等化，使得农村社区由静态走向流动、由封闭走向开放、由同质走向异质。换言之，正是政府、市场、社会的互动，才使社区共同体的建构成为可能，才使社区既能满足人的家庭生活需要又能满足人的公共生活需要，真正成为人们共同生活的家园。正如英国社会学家齐格蒙特·鲍曼在其《共同体》一书中所说：“总之，令人遗憾的是，‘共同体’意味着的并不是一种我们可以获得和享受的世界，而是一种我们将热切希望栖息、希望重新拥有的世界。”由此，我们就不难理解为什么人们总是对滕尼斯所理解的社区念念不忘，而对现实生活中建设的社区或社区建设却总是吹毛求疵了。滕尼斯所理解的社区共同体是一个失去的“天堂”，当然也是一个能够找回的“天堂”，只是它需要时间和空间，需要人类的共同努力。人类两百多年来思想和实践的历史均表明了这样一个真理：要使社会更加和谐美好，必须建立一个能使全体社会成员发展机会均等、社会成员之间能够相互认同的机制。这就要求发挥政府主体在公共事务中的作用、市场主体在合理资源配置中的作用以及社会主体在社会事务中的作用，而且三个主体要形成合力，共同面对人类社会发展所面临的日益严重的挑战——这不仅是迄今为止我们所能看到的最能够实现公平与效率兼顾的发展路径，也是我们找回滕尼斯所谓“失去的天堂”的基本路径。依据“主体性互构”的分析框架，农民主体性建构不是农民自身单方向建构，只有在政府主体性、市场主体性、社会主体性交互建构过程中才能实现。在农村社区建设的场域中，实现政府主体性与市场主体性互构，既需要政府承担起调节市场行为、调动社会资源、促进公平分配方面的责任，切实做好农村社区建设规划，培育和发展农村市场主体，也需要市场在政府合理调控下，利用市场机制和条件来发展农村经济，积极履行企业社会责任；实现政府主体性与农民主体性互构，需要政府做好保障、服务和增能几个方面的工作，主要包括加大政府财政、公共服务、社会福利等向农村的倾斜，保证城乡居民在享有服务和保障方面的一致性，以及提升农民综合素质和能力与培养农民的公共精神；实现市场主体性与农民主体性互构，则需要借助大力发展农民专业合作社、农民专业协会等主要形式，实现市场与农民的合作共赢。总之，只有满足了“主体性互构”的四个前提条件，具备“主体性互构”的环境和机制，才能达到农民主体性建构目标。

第四章 城镇化进程中社区公共性缺失及其补救

第一节 社区公共性缺失的原因

场域由一系列相互作用的关系束所构成，这些关系束就像磁场中的磁力线一样作用于位于场中的对象，这些关系束是以某种特殊的资本为中心的，可以说，资本正是所有关系束所指向的圆心。社区场域中的关系束主要体现为公共规则、公共资本、公共惯习。在社区场域中，这些关系束相互影响、互相作用，从而使得场域内的居民逐渐形成利于场域发展的惯习，最终促进社区的健康发展，同时社区公共性也不断得到加强。但是分析前述的各种公共性缺失的表现，我们发现，社区公共性缺失正是由于公共规则、公共资本和公共惯习的不足所造成的。

一、 公共规则约束力有限

公共规则是社区场域的第一个构成要件。布迪厄认为“各种场域都是关系的系统”，但关系“不是行动者之间互动的交互主体性关系，而是各种马克思所谓的‘独立于个人意识和个人意志’而存在的客观关系”。也就是说，这些关系是一种结构化的客观关系。公共规则是制约行为人的行为指向公共利益，使其表现出相应公共意识，这些规则分刚性规则和弹性规则两大类。我们可以看到，在社区场域中，各种有关调整指导公共行为的道德、文化其实都是潜规则，起着处理和调节人们关系的作用。文化、道德对行为主体没有强制作用，而是内化于人的灵魂，对人的行为产生潜移默化的影响。由于人们的背景、经历、素质不同，文化、道德这些力量束对不同的人影响力是不一样的，因此我们把这样的公共规则称为弹性规则。

但要保证人们在公共场域中的行为指向公共利益，仅有弹性规则的约束还不够，还需要从外部对那些突破弹性规则界限的人加以强制规范，这就是刚性规则。刚性规则主要是以各种法律等制度的形势表现出来，具有一定的强制力。与弹性规则不同，它主要是一种强制的、外在的方式，通过威胁、警告和惩罚来规范行为人的行为。这种规范通常以典章、制度、法律等明确形式加以固定和宣示，其界限和违反的后果都是事先规定了的，要求人们无条件遵守，违者将受到惩罚，对人们的行为有较强的威慑作用。刚性规则和弹性规则共同构成了社区场域的力线，社区场域就是一个布满诸多规则的网络，如果把弹性规则看成这个网络的经线的话，那么刚性规则就是这个网络的纬线。正是这些经纬力线共同作用于公共参与场域中的行为人，使他们表现出相应的公共利益倾向。

（一）弹性规则约束力不足

从目前的情况来看，社区内的弹性规则没有发挥应有的作用，对于人们行为的调节作用和限制作用都十分有限。本研究主要从社区文化和社区道德两个社区弹性规则的发育不足来研究。

1. 社区文化

从广义上讲，社区文化指的是通行于一个社区范围之内的特定的文化现象，是在一定的社会历史条件下，社区成员在社区社会实践中共同创造的具有本社区特色的精神财富及其物质形态；从狭义上讲，社区文化包括社区内的人们的信仰、价值观、行为规范、历史传统、风俗习惯、生活方式、地方语言和特定象征等。

社区文化的作用体现在以下几方面。

首先，社区文化营造“社区精神”。一定的社区文化，在一定时期内，总会强调特定的文化理念，从而规范和影响社区群众的行为模式，并排斥其所否定的价值观念和行为方式，它一方面不断鼓励社区群众与现实之间以及社区群众之间的相互协调；另一方面也在不断引导人们追求高尚的理想和目标。这样，社区成员在长期的交往中逐步形成了共同的理想目标、价值观念、风俗习惯、信仰和归属感，即形成了某一种共同的“社区精神”。

其次，社区文化提高社区居民的综合素质。社区居民的综合素质是一个具有基础性、系统性和层次性的大概念，不仅体现了一个社区全体居民的文化教育水平、道德风貌、精神状态、健康等人文状况，而且还反映着一个社区的人力资源的数量和质量等智力水平。

最后，社区文化增进社区群众之间的感情。随着社会化大生产的到来，整个社会分工越来越细，工作强度加大，使人们之间的交往范围打破了过去封闭的“单位人”界限，成了开放的“社会人”，也使得联系人们的各种因素相对减少，人们各自忙忙碌碌。八小时的工作忙碌之外，其大部分时间都是在社区度过，因此，如何增进彼此之间的联系和了解就成为社区群众交往的一个难题。而社区文化的群众性活动正是解决这一难题的最有效的办法，它成为增进社区居民之间、各类组织之间相互联系、加深了解、沟通关系的精神纽带，易于把社区群众吸引在一起，创造和谐、友善、互助的人际关系。

社区文化的发育不足严重影响了其对于社区场域中参与者的约束力，没有孕育出成熟积极向上的社区文化是弹性规则不足的主要原因之一。

（1）社区文化“新旧交替”未完成。传统社区，无论是农村社区还是单位社区，都有自己成熟的社区文化，许多农村的风俗习惯、婚丧习俗、人情世故等都是有很强约束力的社区文化，甚至有一些地区，如贵州省黔东南州凯里市“千户苗寨”，其中当地的民风民俗就有非常强的约束力，“寨老会”作为当地延续至今默认的苗寨中最具有权威的自组织，其言行都起到了影响村寨生活的作用。当时政府想要开发苗寨，而当地村民意见不统一，这个焦灼的时候就是“寨老会”出面，才说服所有村民配合政府的工作，“寨老会”作用可见一斑。单位社区也是典型的熟人社区，大家一起工作，彼此相熟，对于社区内其他居民比较了解，而共同的工作单位也使得社区文化可以依托工作顺利发展，社区内的文化活动也常常可以起到很好的推动作用。但是如今的城市社区逐渐淡化了农村社区和单位社区的社区文化，从熟人社区变成了“陌生人社区”，大部分进入社区的居民都是素昧平生的陌生人，大家的文化背景不同、受教育程度不同、职业不同、收入不同等，都造成了社区文化难以统一。同时，世俗、大众化文化配合着传播媒体的改进向全球扩张，而其中的重视商业价值、追求感官享乐、个人主义等价值观将会淡化一些社区居民特别是青少年的理性关怀和集体观念，弱化他们的国家意识和爱国情感。有些人对西方价值观念盲目崇拜，背弃社会主义价值体系，对社会主义和共产主义信念产生动摇。所有这些，都将使得城市社区文化教育功能的发展面临很大的冲击，原有的教育方式，原有的教育效果，将会在这一全球化的浪潮下受到考验。在这个过渡时期，社区文化的“新旧交替”未完成是社区文化的一个建设难点和重点。

（2）社区文化建设中缺乏专业人才。社区文化工作者、社区文化专业人士、社区群众文化骨干分子在社区文化建设中发挥着组织、协调、管理的作用。建立专业的文化干部队伍，是发展社区文化的重要人才保证。当前，一方面，由于受思想观念和市场规律的双重制约，社区文化活动中老年人群体充当了社区文体活动的主力军，他们对社区文化活动有着极大的热情，但他们的专业文化素质却与社会发展不相适应。另一方面，文化教育系统的专业人员、艺术院校的学生、艺术团体的专业工作者有着较强的专业功底和文化素养，但是缺乏社区文化建设的热情。这些文化资源，没有得到充分的挖掘和利用。由于专业文化工作人员的缺乏或素质不高，使得城市社区文化活动缺少活力和创新性，呈现粗放型发展的趋势，影响了城市社区文化的可持续发展。

2. 社区道德

社区道德是在社区生活中形成的，反映全体社区成员的利益，用来调整社区成员关系的道德规范，以及相应的道德意识和道德实践活动。原国家民政部副部长李宝库曾说，我国的城市社区道德建设是“城市经济和社会发展到一定阶段的必然要求，是面向新世纪我国城市现代化建设的必由之路”。在不违背社区基本制度的前提下，社区成员可以进行丰富多彩的社区生活。一个社区，由于其社区成员的社会地位不同，文化程度不同，以及社区内部的物质环境及文化环境不同等，造成了社区成员之间的矛盾，社区道德就是为解决在社区共同生活过程中社区成员之间以及社区成员与社区整体之间的矛盾，为了维护社区的整体利益而产生的。社区道德建设作为一种上层建筑，其内容是由社会经济基础决定的，其内涵和外延也必然反映社会变革和时代发展的要求。当今社会，市场经济的重利性及由此引发的人们思想观念的变革，对社区道德建设提出了更高的要求。而社区道德建设往往与时代发展的要求不同步，呈现出一种滞后现象。

（1）在意识层面，对当前社区道德建设以人为本的核心理念体现不充分，不能以群众的需要和愿望为出发点，使城市社区道德建设成为远离群众的无本之木、无源之水。

（2）在制度层面，把社区道德建设看作是一种自上而下的短期突击行为，没有将其纳入城市发展的长远规划，使社区道德建设失去了制度保障。

（3）在行动层面，社区道德建设尚未建立起一套完整的推动机制，对社区建设的组织者、实施者、参与者及社区建设的效果评估没有明确规定，从而在很大程度上制约了城市社区道德建设的有效开展。总之，市场经济的发展必然要求社区道德建设走向社会化、体制化，否则社区道德建设就不能跟上时代发展的步伐，其对社区居民价值引导、行为调控的作用也就无从谈起。当前，我国大多数社区道德建设仍然沿袭着自上而下的灌输模式，方法呆板生硬，不注重居民的文化层次和年龄差异；宣传手段落后，还停留在黑板报、张贴栏等形式上，缺乏先进传播手段的运用。社区道德建设单调的形式使得更多的青年人远离社区道德建设，一些封建落后思想、反动思想趁机占领社区居民的思想领域。从以上分析可以看到，社区文化和社区道德作为典型的社区弹性规则的代表，在现代社区的作用却十分有限，这与我国“社会主义初级阶段”的国情是有直接关系的，但是弹性规则的约束力不足仍然是一个不争的事实，只有正视这个问题，对症下药才有机会建立起规范的社区弹性规则。

（二）刚性规则执行力欠缺

法律法规、规章制度、明文规定等都可以说是社区规则中的刚性规则，刚性规则的制定就是为了约束那些徘徊在弹性规则边缘，做伤害他人利益、集体利益的事情的人。刚性规则的实施常伴以各种赏罚措施，此种措施或者奖励遵守规范的人，或者惩罚违反规定的人。科尔曼把“规范和有效的惩罚”作为社会资本的五种形式之一。他认为，有效规范是一种作用很大的社会资本。规范对个人行动起着重要的约束作用，它通过惩罚自私自利的行为，奖励大公无私的行动，要求人们放弃自我利益而依集体利益行事，从而使某些行动目标更容易实现，由此构成了极其重要的社会资本。科尔曼指出，在城市里，有效规范可以制约犯罪，从而保证妇女夜间可以放心地在街上行走，公寓中的孤身老人的人身安全也有了保障。在我国有基于宪法而制定的一系列维护社会稳定、保护人民生命财产安全的法律法规，这些法律法规在一定程度上都能够对社区内的居民的行为形成约束力。但是从国外的经验来看，社区应该具有一套由国家公权力保障的“行为矫正”制度。也就是我国目前实行的社区矫正制度。目前我国的社区矫正制度还处于试点阶段，尽管各试点都根据自己的实际情况创造性地制定了一系列的制度，但是从法律层面来讲，这些制度都缺乏必要的法律支持。对于被矫正对象以及参与矫正的各方执法人员只能通过教育、劝说等手段，缺乏必要的强制措施，使目前的社区矫正更像一个司法引导行为，而缺乏国家强制力和威慑力。但是对于我国现行的社区矫正制度，有学者提出，社区矫正过程中遇到的很多重大问题，需要通过立法解决。

（1）国家立法问题。不仅现行法律中没有对“社区矫正”的明文规定，缺乏对社区矫正执行部门的合理的权力划分，而且，现有的刑事法律的有关规定，也不利于社区矫正工作的顺利进行。有了法律保障才能够让社区刚性规则“名正言顺”，而且立法后置时间过久容易造成立法环境的变化。

（2）经费保障问题。社区矫正属于国家刑罚执行工作，应当有正常的经费保障体制和可靠的工作经费保障。这样，才能保证社区矫正工作的顺利进行，才能体现社区矫正工作的严肃性和权威性。但是，从试点省（自治区、直辖市）的经费保障情况来看，尽管各地进行了多方努力和很多探索，迄今为止尚未建立正式的经费保障体制，也普遍缺乏正常的经费保障。在中国开展社区矫正试点工作的很多地方，经费短缺极大地限制了社区矫正工作的顺利进行。

（3）队伍建设问题。社区矫正是一项刑罚执行工作，应当有高素质的、稳定的工作人员队伍。这样，才能保证社区矫正工作的严肃性和高效性。根据目前的实际情况和研究设想，未来的社区矫正工作主要应当由司法行政部门及其隶属的基层机构负责，然而，目前最基层的司法行政机构——司法所的现状不容乐观。所以，需要充实和完善司法所的机构和人员。

（4）制度完善问题。在进行社区矫正试点工作的过程中，已经建立了一系列日常管理和社区服刑人员处遇制度。但是，社区矫正制度建设仍然存在很多问题。第一，制度规定有空白。目前的社区矫正规定比较概括，对于主要的方面有规定，但是，对于很多具体制度缺乏明确规定，社区矫正工作不能达到事事有法可依的状态。第二，制度缺乏统一性。在社区矫正试点工作中，除了全国统一的制度之外，各地还发展和规定了不尽相同的具体制度与做法。这种现象是不符合单一制国家的法制要求的。因此，这些问题都需要通过立法去解决，否则，就会严重制约社区矫正工作的顺利进行，而这些问题中的一些问题就可以通过刑法修正案的方式去解决。所有的这些问题都影响着我国社区刚性规则作用的发挥，在社区刚性规则执行力低下的时候，难免会出现社区内部的不守规则的行为出现，如果这些行为不能够得到有效的制止，那么“反面模范”的作用会引起更多人走在“灰色地带”，进行有损社区公共利益的行为。

（三）两种规则配合度过低

弹性规则和刚性规则是统一的。虽然两种规则的作用方式与表现形式不同，但实质是相通的。其一，二者具有同源性。人们在实践中逐渐认识到，在公共场域，从公共利益的角度出发，相互配合就能创造出更多的财富，营造更和谐的关系。人们关于公共利益的认识就以不同的方式反映到道德和文化中成为弹性规则，部分进一步升华为刚性规则。所以，不论是刚性规则还是弹性规则都是在实践中产生的：其二，二者具有同目的性。社区场域中的弹性规则是从内心对主体进行影响，刚性规则是从外部强制性规范主体，目的都是维护公共利益和公共和谐。从现在的情况来看，弹性规则作用太弱，其辅助能力难以发挥。刚性规则成为目前约束社区成员的主要公共规则。但是刚性规则不能从内心对社区场域内居民产生约束力，只是从表面达到“不敢为”的目的，居民对于规则的认可度并不一定高，一旦遇到“擦边球”的机会就会“损人利己”，这是“理性”的做法。只有在弹性规则的配合下，让居民认同感加强，在自己的内心形成行为准则，才能从根本上杜绝破坏规则的行为的发生。通过刚性规则推广和建设弹性规则，形成一定约束力的弹性规则后，使得刚性规则的效力得到巩固，这样就成为一个良性循环，在两种规则的配合下，一套完整的社区公共规则就得以形成，场域内居民的个人行为也会越来越偏向于对集体有利。

二、 公共资本积累有障碍

公共规则是在公共参与场域中作用于人们的一种束缚，但人们之所以愿意接受这种束缚是因为人们认为接受这种束缚可以给自己带来利益。根据经济人假定，人是有理性的，会理性地去追求自己的最大利益。人们之所以愿意进入社区场域、接受社区场域中的不同的关系束的束缚，是因为社区场域中还存在公共资本。

资本实质上是指能够给主体带来某种利益的东西，这种利益可以是物质利益，也可以是精神利益。每个场域都有其特殊的资本，这是这个场域的行为人所追求的对象。公共资本则是在社区场域的行为人追逐的对象，正是行为人对这种资本的追逐，使得社区场域成为一个充满竞争和冲突，然而也是一个充满活力的空间。所谓公共资本指的是在社区场域中，由人们的公共参与意识和公共参与行为产生的一种重要的社会资本。法国著名社会学家布迪厄在他开创性的关于社会资本的论述中，把社会资本视为“现实或潜在的资源的集合体”，这些资源与拥有或多或少制度化的共同熟识和认可的关系网络有关，换言之，与一个群体中的成员身份有关。它从集体拥有的角度为每个成员提供支持，在这个词汇的多种意义上，它是为其成员提供获得信用的信任状。布迪厄所关注的是，个人通过参与群体活动不断增加的收益以及为了创造这种资源而对社会能力的精心建构。公共资本通过不断地调用产生持续的积累，而且这种积累是随着参与人员的增加而增加的。例如，在社区体育设施的使用中，适当地使用会提高社区居民的整体身体素质，而且在充分使用的过程中社区居民对于设施的使用方法会不断自我矫正，也会自觉维护体育设施的完整，出现损坏的情况第一时间会通知维修单位，因为任何一个设施的损坏都会带来很大的集体负效应。

（一）公共资本公平性不足

公共资本是集体拥有的资本。公共资本是在社区场域中一种体制化的社会网络关系，它属于进入该场域中的任何人。它能使每一个进入其中的社会成员受益，但受益的程度则依每个人实践能力的大小而有所区别。

作为一种集体拥有的资本，必须彰显公平性，才能够使每一个使用者都能从中获利，比起动辄上亿的大型体育场馆来说，社区体育设施更能够贴近居民的生活。毕竟不是每一个人都有机会在大型体育场馆内活动，但是每一个社区居民都应该有机会享受社区体育设施带来的健康收益，这就是社区体育设施作为一种公共资本应该具有的公平性。从社区体育设施适用人群年龄段来看，儿童体育的最显著特点就是娱乐，在社区内应该设置一些室内外戏水池、沙坑、攀爬等设施；对中老年人的体育活动设施可充分结合社区内的广场、绿地、空地形成“全民健身路径”，便于老年人进行健身操、舞蹈、气功、太极拳、门球等活动；而青年人出于健身、社交、时尚等目的，所参与的社区体育活动相对更加丰富并且对体育场地与其配套设施的要求较高。因此，社区部分场地需提高其标准化配置，提供完善的运动配套服务，提升场地品质和档次。但是目前的情况是，很多社区的体育设施较为单一，难以满足居民不同层次的需求，没有显示出其作为一种公共资本的公平性。

公共资本的公平性不足主要体现在：

（1）社区作为一个小社会，可谓“麻雀虽小五脏俱全”，以公共资源为社区场域中的一个个节点，社区居民围绕着公共资源呈同心圆分布，由于所处行业、受教育程度、担任职务等方面的差别，往往是担任职务越高、受教育程度越高、财富积累越多的居民距离公共资本的核心位置越近，而处于外围的同心圆的居民同样是社区内的一分子，但是能够使用和享受的公共资本就很有限。

（2）最终的选择往往是偏向于公共资源占有更大的人的选择，这样的方式使得公共资本的积累越来越集中化。例如，在富人较多的社区，其公共资本的积累会越来越偏向于为富人提供方便，穷人的诉求就会显得声音微弱。

（二）公共资本积累难度大

公共资本是在人们的参与和认可中积累起来的。公共资本是潜在的，只有当行为人调动和利用时，它才能以某种资源和力量发挥作用。这种作用发挥后，又能增加公共资本，使公共资本具有积累性。并且，这种公共资本的增加是随着参与者的人数的增加和频次的增加而增加的。普特南的研究表明，意大利北部和南部执行同样的改革计划，发展差别大是由于北部和南部居民对公共事务参与的人数与频次不一样、积累下来的社会资本不一样导致的。公共资本包括物质类型的和精神类型的，其积累方式是不同的，物质类型的公共资本相对容易积累，但是精神层面的公共资本积累起来就不是一朝一夕可以完成的。

1. 荣誉资本

社区的荣誉资本是一种集体荣誉，如“全国模范社区”“全市和谐社区”“全市文明社区”等都属于社区集体荣誉，这些荣誉的得来依靠的是社区内居民的共同努力，而且由于社区数量很大，所以能够争取到这些荣誉并不是件容易的事情。作为公共资本，越是被调动和使用，越是能够得到积累，也就是说越是社区荣誉多的社区，其凝聚力和认同感越强，社区居民的表现也会越好，下一次的荣誉争取就会更加容易。对于多数社区来说，难以获得社区居民普遍认可的集体荣誉，那么荣誉资本的积累就难以开展，少数人的不配合也会导致多数人的努力付诸东流，因此，如何能够调动社区内的居民齐心协力获得有含金量的荣誉资本是摆在社区面前的难题。

2. 责任资本

社区责任资本指的是社区内居民认为社区的集体利益高于个人利益，每个人都有责任为社区建设付出努力。责任资本的积累需要集体意识的支持，当每个居民都能够担负起自己的社区责任的时候，那些不愿担负责任的人就会受到群体的排斥，但同样难以跨越的就是初期的资本积累。没有人愿意做第一个吃螃蟹的人，为了集体利益放弃自己的个人私利，当第一个这样做的人没有得到应有的回报时，其信心就会受到动摇，从而中断责任感的积累。因此，社会责任资本的积累初期是十分困难的，如果不能通过行之有效的方法引导社区居民培养责任资本，那么社区公共资本的积累将寸步难行。

（三）公共资本可兑换性差

公共资本具有可兑换性。既可以兑换成经济资本，因为人们遵守公共规则使社会利益最大化的同时也可以给自己带来利益；也可以兑换为精神资本，因为人们遵守公共规则形成的良好的社会和谐环境，可以使处于该环境中的人精神愉悦；还可以兑换成政治资本和文化资本等。公共资本在公共场域中能兑换的资本越多，人们的参与、认可和追求就越强烈。当前我国社区公共资本的可兑换性比较差，因此场域中的个体对于公共资本的积累愿望不强烈。在社区场域中，公共资本的表现形式非常多样，但是兑换成经济资本、政治资本和文化资本使个人受益就比较困难。在各种公共资本中，经济资本成为许多资本兑换的关键。例如，社区居民的子女想要得到文化资本就需要充足的教育资本，但是教育资本的获得需要经济资本来兑换；身体健康资本需要完善的社区卫生服务和多样的社区体育设施，而这些资本也需要大量的经济资本才能够兑换得到。因此，公共资本的中心逐渐围绕经济资本集中，越来越多的公共资本向经济资本聚集导致了社区公共资本的兑换性变差。社区居民如果不能够得到足够的经济资本，他们就不愿意付出自身努力来促进社区公共资本的积累。

（四）公共惯习未契合场域

公共规则和公共资本构成完整的社区场域，代表着社区场域对人们行为的规定性和设定的利益，是行为主体的外部建构，但行为人的行为表现，除了与这些外部建构有关，还与其自身的内部建构有关，表现在社区场域中，则与行为人的公共惯习有关。公共惯习是指行为人处理公共事务的一套“性情倾向系统”，它是位于行为人思维深处的深层结构，由“知觉、评价和行为的分类图式”构成。公共惯习是人的心智结构的一部分，它来自于社会客观结构，是“一种社会化了的主观性”。公共惯习的功能是为行为人提供应对公共事务的策略和原则，“它通过将过去的一套经验结合在一起的方式，每时每刻都作为各种知觉、评判和行动的母体发挥其作用，从而有可能完成无限多样的任务”。

布迪厄认为惯习“自身脱胎于一整套历史”，公共惯习其实也是行为人社会历史实践的反映，是社会实践关系在行为人思维结构中的印迹或者说是映射。它是行为人的一种历史经验的积累，是一种深层结构，但又不仅仅是行为人个体的主观意识，在某种程度上反映了行为人所处的年代及地域的特点。公共规则、公共资本、公共惯习共同构成社区场域，带着一定公共惯习的人在公共规则的作用下，去追求公共资本，这就是社区现实状态。

1. 个体差异过大

个体性是公共惯习的第一个特征。公共惯习是针对公共事务表现出的“性情倾向系统”，针对的事务是公共的，但惯习却不具有公共性，处在同一场域中的个体，由于性别、年龄、性格、气质、受教育程度、社会阅历等的不同，其公共惯习有较大不同。传统的社区中，公共惯习表现为一致性，因为公共规则业已形成，社区内居民的惯习受到社区场域的有效促进。然而现在的社区种类复杂，构成各异，社区内居民的惯习各不相同，带有明显的“旧场域”的痕迹。例如城中村改造成为城市社区以后，村子里之前的农民成为城市居民，也就是这个社区的原始居民，改造以后许多外来人员会通过租赁房屋或者购买房屋的方式进入这个场域，这些外来的新成员会带着其之前所处场域之中的惯习来到新的场域，许多行为就会显得格格不入。风俗习惯的差异、生活习性的差异、语言文化的差异都会造成外来居民的惯习在新的社区场域中的不契合。改革开放带来的经济大发展促进了社会流动，春运每年客运量的增加就是最好的佐证。虽然这些社会流动仍然受到了户口政策的限制，但是不能否认的是如今的城市人口构成是越来越复杂了，社区的居民构成也随之发生了变化，不再纯粹。在这样的大背景下，个人惯习的差异在所难免，过于复杂的个性差异也会为社区公共惯习的形成造成阻力。

2. 稳定性不足

稳定性是公共惯习的又一重要属性。公共惯习是人们在长久的公共生活实践中形成的，一经形成，就具有相应的稳定性。这种稳定性不仅表现在人们在公共场域对同样的事务显示出同样的行为倾向，而且表现在遇到相似或是有关的公共事务，它就作为一种潜在的模式沉积在人们的深层思维结构中，作为一种策略的生成原则，对于人们处理公共事务起指导作用。公共惯习的形成不是一朝一夕之功，而是水滴石穿之效，一旦形成就会有很高的稳定性和遗传性，因为惯习一旦形成了，在其契合的场域内就会促进个体的发展，使其生活如鱼得水。但是目前的社区惯习的稳定性正在遭受巨大的考验。

（1）社区人员流动大。正如前面所述，人口流动性大是我国目前的一个现状，也是劳动力向资本聚集的一个真实写照。社区人员的稳定性是社区网络场域稳定性的基础，没有稳定的人员构成，即使是一样的设施，一样的管理模式，社区场域还是会发展出截然不同的公共惯习。从我国目前的经济发展形势来看，青壮年劳动力向资本聚集的大城市集中是短期内不会改变的，背井离乡追求高品质的生活对于大多数人来说也已经是司空见惯的，生老病死都在一个社区内的人正在减少，如此大的社区人员流动带来的就是社区公共惯习难以形成的结果。

（2）社区类型变化多。农村社区、集镇社区、城市社区是一般的对于社区类型的区别，但是现在这些社区的性质已经不再是稳定不变的。随着城市化进程的加快，越来越多的“城中村”社区、“农改非”社区出现，很多地方还出现了“强制城镇化”现象，这些都对传统社区的类型造成了很大冲击，而社区类型的变化也必然带来对社区公共惯习稳定性的削弱。

3. 变化速度过慢

公共惯习在保持稳定性的同时也有一定的可变性。公共惯习并不是一成不变的，当场域发生变化时，惯习也会改变。社会处于不断的变化之中，公共参与场域自然也会发生变化。惯习与场域是契合性关系，当行为人从一个公共场域到另一个公共场域，原有的公共惯习和现实世界不适应，在屡次遭遇惩罚过后，行为人就会自觉不自觉地改变原有的公共惯习。新的公共惯习的形成是需要多次行为强化的，然而由于公共规则的不完善和约束力不足，新的惯习难以形成，尤其是在目前社区构成日益复杂的情况下，个人的惯习想要尽快向公共惯习靠拢，就需要很强的适应能力。由于社区场域的改变，场域内各种关系束也相应发生变化，公共惯习也需要改变才能保持与场域的契合。受制于个人素质、传统文化影响、所在社区类型等因素的影响，公共惯习变化的速度远远不及社区场域的改变。例如，在传统的农村社区，居民都是农民身份，他们祖祖辈辈过着农村“日出而作，日落而息”的生活，并根据节气和时令来从事他们擅长的工作——种田。在这样的社区场域中，约束人们行为的是约定俗成的乡村民俗，广泛的沟通交流和彼此之间的信任是最重要的公共资本，而公共惯习也在长时间的磨合中与场域形成了默契。城市化的推进将农村社区被动转化为非农社区以后，需要建立新的公共惯习，从前没有红绿灯的乡间小路行人可以随便穿行，但是城镇化以后就需要按照交通规则行事。

第二节 社区公共性缺失的补救措施

一、 建立完善的公共规则

（一）巩固弹性规则

弹性规则的巩固对于社区场域公共规则的完善是十分重要的，这种内在的约束不仅使场域内的居民对公共规则更加认可，也成为刚性规则不可或缺的有力辅助。巩固弹性规则要加强社区文化建设和社区道德建设。

1. 社区文化建设

第一，要培养精神文化。精神文化是社区文化的深层次内容，也是社区的无形资产。社区精神文化又有心理层面和价值观念层面之分。心理层面的社区文化是社区共同体的集体无意识，而社区价值观念则是社区精神文化的理性层面，也是整个社区文化体系的内核。精神文化重在建设，既要润物无声，又要自觉地去培养。居民的社区认同感和归宿感更多的是心理层面的集体无意识，需要日积月累的心理和情感积淀。社区价值观念层面的文化建设则要有意识地加以引导，自觉地与中国特色社会主义文化建设相衔接，以社会主义核心价值体系为统领。要通过建设使先进文化在社区中得到发展，健康文化在社区中得到支持，落后文化在社区中得到改造，腐朽文化在社区中得到抵制。第二，倡导社区行为文化。行为文化的塑造非一日之功，而不文明行为一旦成为积习，改变起来更需要和风细雨的持续努力。要以活动为载体，通过活动培养、巩固、发展文明健康的行为文化。在现阶段的社区建设中，尤其是要倡导从基础文明做起，从身边的小事做起，自觉遵守社区文明公约，做文明的社区居民；要倡导开展邻里互助和社区志愿者活动，引导居民主动参与社区公共事务和公益事业，进行自我管理、自我教育、自我服务、自我约束，培养居民的社会责任感，形成文明的行为方式和生活方式。第三，开展社区文化活动。文化活动是社区居民日常生活不可或缺的重要内容，也是社区文化吸引力和影响力最生动直观的体现，要以活动为载体开展社区文化的共建共享。要通过节日文化、广场文化、文化共建、文明创建、全民健身运动等活动形式，吸引社区居民广泛参与社区文化活动，并在活动中愉悦身心、培养情趣、增进交流。公益文化（博物馆、图书馆、展览馆）广场文化、娱乐文化、民俗文化、科普文化、专题文化、休闲文化，都是社区文化不可缺少的形式，共同组成社区文化绚丽多姿的画卷。在多种类型的社区文化中，有些是需要政府推动的，有些可由居民自己策划和组织，有些则需要社区文化市场来运作。社区文化市场是在建立市场经济体制的背景下为适应居民文化消费结构转变而迅速发展起来的。随着居民生活水平的提高和社会的进步，越来越多的居民不仅解决了温饱，而且实现了小康，衣食无忧的居民便开始向往和追求新的精神文化生活，并基于各自的偏好开始选择性的文化消费。社区文化市场的发展丰富了居民特别是中青年人群、白领阶层的文化娱乐生活，有广阔的发展空间。需要在如下两个方面进一步推进。一是社区文化市场消费种类多样化。逐步形成图书报刊（包括图书报刊的销售、字画装裱等）、文艺演出（包括专业的和业余的）、影像制品（包括录音带、录像带、VCD、CD 等）、大众娱乐（包括歌舞厅、卡拉 OK 厅、酒吧、网吧、台球室、时装表演、业余艺术培训等）、文物美术等几大类市场。二是社区文化经营形式多元化。形成多种所有制并存互补，多种形式经营的格局，赋予社区文化市场以生机和活力。同时要加强社区文化市场的管理，及时清除那些不健康的、渲染色情暴力的文化垃圾，力求用优质的文化消费服务和情趣健康的文化产品满足居民多样化的文化消费需求。第四，建设社区文化设施。要从社区的资源和区位、地域特征、历史文化传统等因素出发，设计和建造具有个性特色的城市社区物质生活设施、包括博物馆、图书馆、展览馆、体育馆等文化活动场所和设施。社区内的楼台亭榭及其建筑风格、街市、雕塑、广场和公园等自然和人文景观，都是社区文化个性的彰显，要精心设计，使居民从中不仅感受到居家生活的便利，也有一种美的享受，从而起到愉悦身心、陶冶情操的作用。行为模式或生活方式是社区文化的重要层面，它体现在社区居民的交往、生活、娱乐、学习等行为过程中。第五，注重网络文化建设。社区网络平台是社区文化建设的新形式，要充分运用互联网推动社区文化的共建共享。互联网信息具有资源丰富、传播速度快、覆盖面广的特点。在城市社区居民直接交往减少的现实情况下，要充分重视互联网这一媒介，建好社区网站，管好社区网站，用好社区网络这一平台，形成健康、文明的社区网络文化，并通过社区网络平台和社区 QQ，聚集人气、联络感情、增进共识，带动社区精神文明建设的进步。要进行统一管理和评估，引导发展，保证方向。要加强考核力度，与政府相关部门业绩考核挂钩，从制度上加以保证，改变社区文化建设的松散性和随意性，形成良好的气氛。通过建立定期展览、会演、比赛和奖励表彰制度，保护和激励社区成员和单位参与城市社区文化建设的积极性。报纸、刊物、广播电台、电视台、网络等媒介也应大力宣传社区文化建设情况，引导社区文化建设深入开展。第六，推进社区文化立法。目前，为适应我国依法治国进程的大力推进，城市社区文化建设立法应尽快提上议事日程。文化部门应与建设部门和城市规划部门共同研究制定加强社区文化设施建设的有关政策和法规，同时加大城市小区建设中文化设施配套建设的执法力度。

2. 社区道德建设

费孝通先生曾经指出，在社区中“开展道德建设，帮助他们提高自己的素质，培养自己在社区中自主安排共同事务的观念、能力和习惯，仍是社区建设的一个重要而紧迫的课题。”社区道德建设的出发点和归宿在于推进社区居民的道德实践。引导人们积极投身道德实践，在道德实践中不断强化道德修养，提升道德境界，提高道德建设实效，是当前社区道德建设的重点。

首先，广泛开展社区道德教育活动。社区道德教育活动，包括实施一系列的宣传、引导、灌输、评价等措施，包括社区道德教育方针的制定、道德榜样的树立、道德教育基地的建设等，这些工作的开展均应机制化和常态化。在将社区道德教育机制落实的过程中，亦要特别注重社区道德教育与家庭道德教育的紧密结合，以取得事半功倍的效果。

其次，通过实践促进社区道德内化。从社区居民生活出发，找到社区道德建设的生长点。社区是城市居民的生存空间，也是他们的生存方式。“社会生活在本质上是实践的”，“人的本质并不是单个人所固有的抽象物，在其现实性上，它是一切社会关系的总和”，因此，社区道德建设，绝对不是让居民知道现实的道德观念是什么，而是把社区的道德观念，借助于一定的途径，变成人们的潜意识，内化为人们的思想，转化为“日常道德形态”。从这个意义看，道德建设的任务是把反映现代化的思想、道德、意识形态等最大限度地被再生为人们的日常意识，使得人们的日常意识优化与重构。个人怎样表现自己的生活，他们自己就是怎么样的。在社区日常生活中，社区居民对于道德接受和认同，往往来自于自己切身感触到的、生活于其中的具体的现实的综合。要塑造具有一定思想道德素质的人，就应该在现实中，在社区居民的现实生活中，把道德建设的意识与工作渗透进去，把整体的抽象的道德规范的理念变成现实中人们的实践和生活的信条与规则，把工作的着力点放在解决人们在工作、学习、生活等方面遇到的困难方面。为此，要紧密地与居民的生产和生活相联系，与社区的文明、经济、文化、环境、治安等各方面的工作相联系，围绕社会的热点展开工作，及时地了解人们的思想道德方面的变化，关注人们的积极性、主动性、创造性的发挥，解决居民思想中的难点，增强社区道德建设的凝聚力和吸引力，加强活动的效果。

最后，借鉴先进的社区道德建设经验。在社区道德建设的方式方法上可以借鉴以下已有的经验：南京市五老村社区居委会的“居民道德点评台”（开展批评与自我批评）；武汉市青山区的“居民道德档案”（记录社区发生的好人好事）；烟台市一居民社区的“道德银行”（居民做好事，可记入道德积分储蓄，积分高的居民可以享受推荐就业、税费减免等优惠待遇）；杭州市德加社区的网络“道德论坛”“道德评判庭”“模拟道德法庭”；大连市星海湾街道的“公民道德信誉卡”。以上这些平台在社区道德建设中的运用均很成功，为解决社区治理的道德困境提供了有益的尝试，取得了令人满意的成效。

（二）通过立法完善社区矫正制度

首先，修改《刑法》《刑事诉讼法》《监狱法》，将有关社区矫正的零散规定吸收到社区矫正制度中来，实现法律之间的协调与衔接。其次，制定统一的《社区矫正法（或条例）》，包括总则、社区矫正对象、社区矫正机构、社区矫正工作者、社区矫正工作程序、社区矫正工作内容、社区矫正工作保障，从制度上为社区矫正工作保驾护航。最后，制定专门的社区矫正法和刑事执行法。在条件成熟时，制定与《监狱法》并行的社区矫正法。这是因为，社区矫正工作是一项涉及很多方面、很多环节的复杂的综合性工作，无论是刑事诉讼法修正案，还是刑法修正案，都不可能解决社区矫正工作中面临的大量法律问题，只有制定专门的社区矫正法，才有可能较好地解决这些问题。或者将《监狱法》与社区矫正法加以整合，制定统一的、完备的《刑事执行法》或者《刑罚执行法》。只有制定《刑事执行法》，才能彻底解决刑事执行立法规格低，刑事司法体系不完善，在刑事司法过程中不能充分实现相互配合、相互制约的基本原则等重大问题。

（三）创新社区治理制度设计

在社区建设的实践中，要积极探索，创造设计社区文明公约、社区自治章程、社区听证会、社区时间银行等制度规范，新建住宅小区要成立业主委员会这一组织形态。为了满足个体、群体、社区共同体多方面、多层次的需要，社区还应当培育各类社区民间组织（或协会）。例如，一些城市还通过改革使具有明显行政色彩的议行合一的社区组织架构向扁平化的组织网络转变，平铺的组织资源扩展了居民交往的机会结构，并且激励着横向互惠关系的增生。这些成就为社区居民自我管理、自我教育、自我服务、自我约束提供了新的组织制度支撑。当然，要加强社区自组织能力的建设，还需要进一步探索社区居民自治的制度，并找到与之相适应的组织形式，赋予其以鲜明的时代气息。

（四）两种规则的统一

由于弹性规则和刚性规则在目的性和来源上是一致的，因此二者的统一也是一个必然的趋势，要将两种规则统一就要做到“你中有我，我中有你”的境界，通过相互渗透从而促进共同发展。

通过弹性规则普及刚性规则。弹性规则的形成是缓慢的，但是能够渗透到居民的实际生活的细枝末节中。社区居民不一定懂得《刑法》关于“过失杀人罪”“故意杀人罪”和“故意伤害罪”的区别，但是通过社区文化和社区道德的教育，人们从小就会明白伤害他人、杀害他人是不对的，是不被社会接受和允许的。这些刚性规则是在道德底线之上的，文化和道德的培养让人们的素质得到提升，而拥有良好文化素质和道德修养的人对于社区刚性规则的认同感也很高，不仅自己以身作则，还会主动宣传推广公共规则。

通过刚性规则推广弹性规则。党中央于2001年印发了《公民道德建设实施纲要》，各省份如广东省出台的《广东省见义勇为人员奖励和保障条例（草案修改稿）》等规章制度，都是通过刚性规则加强推广弹性规则，让精神文明建设和社会主义道德建设都通过制度加以保证。另外在我国的法律体系中也有诸多条目是有利于我国社会主义文化和道德等弹性规则发展的，但是更多细化的规章制度还应当继续出台，为弹性规则的推广保驾护航，促进我国的精神文明大发展。

二、实现叠加的公共资本

（一）加强公共资本的公平性

公共资本从诞生之初就应该是公平公正的，但是现状是许多公共资本的公平性有缺失，公共资本的公平性需要通过“积累”建设来加强。

在社区场域中，公共资本是所有参与者（社区居民）活动所围绕的中心，社区内的矛盾、竞争、对抗都是以公共资本为核心展开的，因此在社区场域中，要最大限度积累公共资本，还要让其积累分散开来，不能集中于场域的某一个区域。例如，社区体育设施的建设在一般情况下从一开始就应该为体现公平性而建设在社区的地理中心位置，而不能够因为个人资本的不同受到影响。

（二）充分调动、利用公共资本

公共资本如果不能够充分利用，那么其积累速度就会很慢，导致整个社区的发展受阻。因此，要对公共资本在适当范围内充分调动和利用。

1. 物质公共资本的利用

社区内的物质类公共资本不论是居民共同建设的还是社区提供的，都是为了提高社区内居民的生活水平、生活质量，因此越是充分利用越能够发挥其作用，社区体育设施、社区卫生机构、社区金融组织、社区商业中心等都要利用才能促进其本身的流动和积累。充分利用并不是“过度利用”，也不是“先入为主”地利用，而是要充分配置，并通过社区公共规则和公共惯习的影响，让居民能够调整各自的利用行为。

2. 精神公共资本的利用

社区公共荣誉要用来激励社区内居民再接再厉，创造更好的成绩，才能体现其价值；社区公共责任要用来促进社区内的居民相互帮助、相互信任，才能够促使公共责任的进一步巩固；社区公共文化资本要用来孕育更符合社区场域的精神文明，用来创造良好的文化氛围，才能够积累更先进的公共文化。因此，精神公共资本也应该提倡充分利用，从而造就精神公共资本的再积累。

（三）扩展公共资本的兑换性

扩展公共资本的兑换性主要是通过公共资本的自身发展来实现的，如社区体育设施的发展和利用，可以提高社区居民身体素质和业余竞技体育水平，在遇到各种级别的比赛时，社区居民能够积极参加而获得奖项，就兑换成了荣誉资本，而荣誉资本又可以进一步促进居民积极参加社区体育活动；再如良好的社区文化环境使社区内居民的文化修养得到提升，社区内的孩子就会形成良好的学习氛围从而考取更好的学校，这样就获得了更多的教育资本，教育资本的增加反过来又提高了社区的文化资本。所以应当意识到公共资本的兑换性需要以社区公共资本的充分积累为前提，而公共资本的积累不是一朝一夕之功，需要持之以恒地共同努力。

三、培育契合的公共惯习

（一）保持个性化的同时强调社区一致性

越来越纷繁复杂的现代社会，提倡的是个人的自由发展，个性的自由体现，但是个性化并不影响公共惯习的社区一致性。互联网将世界带入了信息爆炸时代，网络上充斥着各种各样的信息、言论，不同的个体在信息的海洋中能够选取并接受的信息是不一样的，再加上个人家庭背景的影响，想要像从前一样保持个体思想的高度一致性已经不再可能。个人惯习的形成随之也会发生不同的分化，这是必然的，但是通过场域内公共规则的约束和公共资本的引导，可以培养出契合社区场域的公共惯习。抹杀个人的个性是不可取的，即使接受相同的教育过程，处于相同的生活环境，社区内的居民还是应当保持自我。同时，也要强调公共惯习的社区一致性，家庭惯习各有不同、校园惯习各有不同，但是社区内的居民因为身处社区场域中，就应当表现出与之契合的惯习，否则就应当受到公共规则的惩罚。

（二）巩固公共事务中居民参与的原则性

公共参与的原则可以约束居民在参与公共事务时的行为，通过巩固一系列原则，可以促进公共惯习的形成。

1. 有序参与原则

所谓有序参与原则，就是指公民或民间组织在认同现有政治制度的前提下，为促进社区发展而进行的各种有秩序的活动。这表明，居民民主参与首先是一种依法参与，即必须在坚持党的领导和维护现有法律秩序下进行；其次，这种参与是一种理性参与，即公民在表达和维护自身利益的过程中，始终要坚持有礼有节、合情合理的原则，不能走极端、搞对立。

2. 少数多数互动原则

在民主社会中，社会生活总是要求做出某种决定，采取一定的具体行动。因此，首要问题是在做出决定时要有共同遵循的规则。从保护公民权益的需要看，全体社会成员一致同意原则是最理想的，但是实际上在一个较大社区中是不可行的，效率太低，难以采取任何行动；而为了决定权集中于一个人或少数人，虽然可以避免争论不休与拖延不决，提高决策效率，却难以避免决策者的独裁和滥用权力以谋私利。所以，在保证一定的决策效率的同时又能尽可能保障大多数人的共同利益，多数裁决原则是唯一可行的行动原则。包括简单多数、限定多数、三分之二、四分之三等决议规则都属于多数裁决原则，都是有效的民主工具。当然，任何决议规则，包括多数裁定规则都存在着一定的风险，既有其优点，也有其局限性。

3. 加速改革与场域不契合的惯习

从农村社区到城镇社区，信息传递方式、交通方式、生产劳作方式都发生了改变，场域内的公共规则和公共资本都发生了相应的改变，如果公共惯习不能跟上改革的步伐，那么就会在场域内造成广泛存在的矛盾与不和，而不是和谐生活共同发展。加速场域内不再契合的公共惯习的改革需要从以下几个方面入手。

（1）创新引导方式。惯习的形成是一个长期适应的结果，但是如果引导的方式能够有所创新，可以实现适应所需时间的缩短。一些公共惯习也许不是贯穿社区生活始末的，改变起来会有障碍，但是通过新颖的方式会有不同的效果。例如，中国传统的安葬方式是“土葬”，也成为农村社区的公共惯习的表现之一，但是当场域发生改变，农村社区被城镇化，那么安葬的方式也应该更多采取国家提倡的“火葬”，但是社区内的居民并不是总能碰到失去亲人这样的事情，所以短期内也许观念难以改变，但是通过多种方式加强宣传，让社区居民潜移默化中形成对“火葬”的认可，那么当某些居民家庭遭遇不幸的时候，就会更加容易接受“火葬”的安排。

（2）加大对规则破坏者的惩罚力度。公共规则在弹性规则和刚性规则的共同作用下影响和制约着社区内居民的举止行为，当出现不契合场域的惯习的时候，行为主体会受到相应的惩罚，但是多次对行为的矫正才能完成对公共惯习的改变，效率较低，通过加大对规则破坏者的惩罚力度，可以让其在一次博弈失败中损失较大，下次遇到类似情况的时候就会再三考虑，这样可以一定程度上加速公共惯习的改变。当然加大惩罚力度并不代表着要通过极端的方式来进行，而是可以通过与其行为相应的惩罚力度的加大来实现。例如单位社区的公共资源被看作是“公家的”而不是“公共的”，所以出现按照职位官阶分配或者多吃多占的现象是被视为正常的。但是在现代社区，公共资源更强调“公共性”，以前的一些行为是符合单位社区场域的公共惯习的，但是并不符合新社区的公共惯习，通过加大一次性的惩罚力度，可以加快公共惯习的改变。

公共性是一个历史性的话题，也是一个有明显时代特征的话题，不同时期的社会学家、政治学家对于公共性有不同的理解，在不同的公共领域，公共性也不尽相同，这也是本书选取“社区公共性”作为研究对象的原因。对于社区公共性的讨论从“社区体育设施运行现状”这样一个点引出，进而引发对“社区公共性缺失”表现的罗列，然后用法国社会学家布迪厄“场域理论”来分析其原因并给出对策是本书的研究思路。通过公共规则、公共资本和公共惯习三个社区场域中关系束的分析本书得出了社区公共性补救的措施。社区体育设施的“公地悲剧”给人们以警醒，在社区建设中如何避免公共资源浪费，如何培养社区公民精神已成为社区管理中迫切需要解决的问题，本书的研究成果如果能够带来一些创新的理念和解决方案，那么就使得研究的意义得到升华。目前有关“社区公共性”的研究还不是很丰富，利用“场域理论”研究社区问题的文献也十分有限，因此在研究之初遇到了不小的困难，但正是这样的情况使得本研究有一定的创新意义。

第五章 城镇化进程中新型社区社会资本缺失及建构

第一节 新型社区和传统型社区社会资本存量

一、资料搜索

本研究主要通过发放调查问卷的方式进行资料收集。考虑到经济发展水平等因素，选取了常州市新北区新开发区、钟楼区市中心经济发达区和湖塘区经济水平中等区三个区的新型社区和传统型社区各一个发放问卷。调查问卷的发放主要集中于1月12日至1月24日这段时间。其中1月12日至1月13日在河景社区发放了问卷作为试调查，然后对问卷中的个别问题和措辞进行了调整。1月15日至1月24日发放正式调查问卷并同步回收。原打算每个社区发放30份问卷，但是在实地发放过程中发现钟楼区××传统型社区，由于有些家庭已经搬出，房屋出租给外来人口，故该社区问卷量减少至20份，多余10份问卷5份分别送至新北区和湖塘区的传统型社区。新型社区按原计划每个社区30份，所以共发放问卷180份。截至2月15日，共回收问卷169份（新型社区中钟楼区29份，新北区30份，湖塘区28份，传统型社区中钟楼区32份，新北区18份，湖塘区32份），其中废卷5份答案率过低，最终得到有效问卷164份，其中传统型社区81份，新型社区83份。首先，本书对社区社会资本的各个维度进行了相关系数分析，检验本次调查的可信度。其次，对新型社区和传统型的社区社会资本存量状况进行了各个维度的比较分析，对比传统型社区的社会资本存量，得出新型社区社会资本存量上的差异主要体现在社区归属感、社区互惠、地方性社会网络和社区信任四个维度上，这将成为我国新型社区在社区社会资本建构的过程中需要重点考虑的因素。接着，通过将社区居民对社区居委会的信任度作为自变量，将社区社会资本存量作为因变量，来分析社区居委会建设和社区社会资本存量的相互影响。最后，根据这些实证统计分析的结果，验证本书之前提出的理论假设是否成立，进而证明基于这些假设的理论框架是否符合实际情况。

二、社区社会资本定量测量方法

本次调查问卷的设计，采用了由桂勇、黄荣贵设计的一份经过信度和效度检验的问卷模型。此问卷提出了社区社会资本的多维度测量方法，具体包括地方性社会网络、社区归属感、社区凝聚力、非地方性社会互动、志愿主义集体行动、社区互惠、社区信任这七个维度，每个维度都有其具体的测量指标。

表 5-1　社会资本测量指标修改版

测量指标	标准信度系数
地方性社会网络	–746
小区里和你见面会彼此打招呼的邻居数量 关系好到可以登门拜访的小区居民数量 你的知心朋友中，有多少人居住在小区内 你的普通朋友中，有多少人居住在小区内 你是否参加过社区中的社团	
社区归属感	–852
在小区有家的感觉 喜欢我的小区 告诉别人我住在哪里很自豪 太部分小区居民参与积极性很高 你对小区中发生的事情很感兴趣 我是小区内重要的一分子	
社区凝聚力	–789

续表

测量指标	标准信度系数
小区里大部分人愿意相互帮助 总的来说，小区居民之间的关系是和睦的 最近两周你拜访邻居的次数 最近两周邻居拜访你的次数	
非地方性社会互动	-840
你个人上个月的手机费是多少元 过去两周你和朋友通电话的次数 最近两周有多少次和非家庭成员一起吃饭、喝酒、泡吧等活动	
志愿主义集体行动	-806
如果有人发动居民来解决问题，你是否会参加 如果小区一个公共项目不直接对你有利，你是否会为此付出时间 如果小区一个公共项目不直接对你有利，你是否会为此付出金钱	
互惠与信任	-667

第二节 新型社区社会资本缺失的原因

一、社区居民主体意识缺乏

自改革开放以来，我国基本实现了城市管理模式由“单位制”管理向“社区制”管理的转变。单位制的弱化，社区制的兴起，不仅要求管理模式的改革，同时也要求人们实现从“单位人”向“社区人”的转变。与单位制相比，社区制的自身管理理念以人为本，变管理控制为服务照顾，强调以居民自治为主的管理形式，变行政管制为居民参与强调多元合作式的管理目标，加强政府与社区的互动，达到善治。与“单位人”相比，“社区人”一改“等、靠、要”的依附性人格，转变为具有高度自我管理能力和创新能力，积极参与社区事务的主动型人格。这种转变对社区居民提出了新的要求，社区居民应该具备主人公意识，积极投身于社区自治建设中去，即培育中国土地上的公民社会。然而就我国城市社区居民来看，远远没有能形成居民自治的意识。这主要受到以下几个方面的影响。

一是传统政治文化影响下形成的大部分公民的“臣民”心理。中国是一个有着几千年封建历史的国家，长期以来形成的“官贵民贱”“民为官役”等意识深入人心。中华人民共和国成立以后到改革开放前的这段时间，受中国以控制居民为基础的传统管理思想及计划经济体制的影响，我国的基层管理体制大致可以分为两部分：首先是各类党政机关、企事业单位，它们是城市居民的基本组织形式；其次是街道办事处和居委会，用于管理极少数没有单位的居民。这两部分管理体制体现了我国当时的国家意志和社会需求，其特点也很鲜明，国家作为社会管理的唯一主体，将社会中的每个人控制在行政体系之中。这种以单位制为主、街居制为辅的管理模式，并没有改变居民对政府的认同心理。在新型社区中，很多居民都陷入这种“臣民”心理的惯性反应之中而不能自拔，在官民对话中采取了沉默的态度，这部分群体尤以文化水平、社会地位较低者居多。

二是部分公民主体意识的觉醒与社区参与的现实矛盾。美国政治学家亨廷顿说过，“现代化意味着各种新和旧、现代和传统的群体越来越意识到自己是作为一个群体而存在的，意识到自己在与其他群体关系中的利益和要求。的确，现代化最显著的特征之一就是在传统社会许多自觉的认同程度和组织程度都很低的社会势力中产生群体意识、内聚性和组织性。”事实上，随着我国改革开放的进程，社会成员的经济水平、受教育程度都得到了较大的提高，这必然激发一部分群体参与政治、参与社会事务的意识的觉醒。在新型社区中，存在一些文化水平较高的居民，正在或者已经挣脱传统思想的束缚，成为在培育公民社会号召下的先驱。这些人有广博的知识、理性的头脑、全面的眼光，然而却缺少参与社区自治的途径。很多人认为社区居委会并不是真正的社区自治组织，并不能代表广大社区居民的真正利益，因此对居委会倡导的事情没有兴趣。大家普遍持即使参与也没有效果的态度，这极大地影响了社区中有公民意识的群体社区参与的程度。

三是社区居委会的行政化影响。从我们的调查可以了解到，无论是单位制下的传统型社区，还是社区制下的新型社区，其社区居委会在居民心中并没有公信力。这主要是因为我国社区居委会高度行政化的特点。长久以来，社区居委会虽然打着自我管理、自我教育、自我服务的基层群众性自治组织的旗号，却没有真正落实其自治事务，社区居委会异化为政府组织向基层的延伸机构，更多地承担起行政事务工作。也正因如此，大家普遍把社区居委会当成是基层行政机关，是政府权力在社区的延伸，很多社区参与意识薄弱的居民理所当然地认为社区事务应该由社区居委会和街道自己负责，而有社区参与意愿的居民则认为社区居委会并不真正了解社区问题，解决社区问题，不能站在社区居民的立场起到居民与政府沟通的桥梁作用。

四是新型社区中尚未形成共同的社区利益。在传统型社区中，社区居民因为同属一个单位而聚居在一起，彼此之间同质性程度很高，容易形成相互信任。单位内部的交往关系更容易使彼此产生共同语言，形成了在工作上相互配合，在生活上互相帮助的同事及邻里关系，互动非常频繁。单位制向社区制的转变，不仅是管理体制的转变，也深化了社区居民以“利”为主要驱动力的人际交往观。而在新型社区中，社区居民因为住房关系而聚集在一起，没有个人利益上的交点，社区居委会也不能带动社区居民来满足群体性利益的需求，因此很难形成共同的社区利益。不仅如此，一个社区能不能形成共同的社区利益，与社区居民能否参与到社区自治中来也是息息相关的。学习型管理理论告诉我们，只有通过相互了解，相互沟通，才能建立社区居民共同的愿景，进而形成社区的高凝聚力和共同的社区利益。

二、社区管理体制行政化

社区制是在转型时期社会结构呈现分化和重组的背景下应运而生的。依托于社区建设，中国城市的基层管理体制开始了历史性的变革。我国的社区建设始于20世纪80年代，经历了起步推动期（80年代中期至90年代初）、全面推进期（90年代初期至2000年）及探索深化期（2000年至今）这样一个发展历程，分别以社区服务、社区建设及和谐社区建设为主要任务。1986年，为了配合城市经济体制改革和社会保障制度建设，国家民政部就倡导在城市基层开展以民政对象为服务主体的“社区服务”，首次将“社区服务”这一概念引入了城市管理；1989年12月26日，全国人大通过的《中华人民共和国居民委员会组织法》又明确规定居民委员会应当开展便民利民的社区服务活动，第一次将“社区服务”引入法律条文；1991年，国家民政部又提出了“社区建设”这一概念，并在全国各个城市中广泛地开展了社区建设活动。依据《民政部关于在全国推进城市社区建设的意见》，社区建设是指在党和政府的领导下，依靠社区力量，利用社区资源，强化社区功能，解决社区问题，促进社区政治、经济、文化、环境协调和健康发展，不断提高社区成员生活水平和生活质量，促进社区经济与社会协调而又持续发展的过程；1998年，国务院又将“推进社区建设”的职能赋予了民政部；1999年，国家民政部正式启动了“全国社区建设实验区”工程：2000年11月3日，中共中央办公厅和国务院办公厅正式转发了《民政部关于在全国推进城市社区建设的意见》。2005年在长春召开全国社区建设工作会议，部署关于和谐社区建设的问题。社区作为城市组织结构的基本单位，对城市建设、发展和管理发挥着不可替代的作用。而在社区建设过程中，社区居委会这个基层组织的作用也逐渐凸显。

根据我国《居民委员会组织法》规定，在我国区、街、居三级管理体系中，社区居委会是进行自我管理、自我教育、自我服务的基层群众性自治组织，然而在二十多年的社区建设过程中，即使是在这一法律颁布以后，社区居委会一直未能充分体现其自治的性质，反而发展成为街道的一级派出机关，成了政府行政体系的延伸。社区居委会的高度行政化特性有其具体的原因：一方面从居委会工作人员的选聘方式来讲，居委会的干部主要是政府通过招聘的方式来选派的；另一方面从居委会的财政资金来看，它们在财政上依靠政府提供。因此，“居委会是多于听命而少于自治，多于协助政府进行管理而疏于推进社区建设。这些问题的出现与居委会的自身因素有关，更与政府对居委会工作的强烈干预有关”（雷洁琼，2001）。社区居委会行政功能的泛化无疑影响了其自治地位，也让社区居民参与自治成为空谈。

通过我们的调查可以发现，无论是在新型社区还是传统型单位社区，社区居民对社区居委会的信任度都不高，但是我们通过相关性分析发现，居民对社区居委会的信任与社区社会资本的存量是相关的。因此，如果能扭转社区居委会目前高度行政化的局面，明确社区居委会的自治地位，提高它在社区居民心中的可信度，那么对于社区社会资本存量的增加一定能起到较好的作用。

三、社区居民社会关系网络松散

（一）新型社区管理尚处于失范状态

随着急剧的城市化和工业化的进程，单位制向社区制的转变使得新的价值与生活方式取代了旧的价值与生活方式，原来以单位为社会资本依托方式的居民，在新型社区中并未能重新建立起新的依托方式。这就是托马斯所称的“社会解组”现象，社区不能满足成员的愿望，现存的社会行为准则对群体每个成员的影响也减弱了。

新型社区规范的缺失是社区变迁的后果，主要体现在社区管理体制的不规范，表现为社区控制功能的弱化：一方面，政府虽然颁布了《中华人民共和国城市居民委员会组织法》，但在实践中并未真正按照法律的规定进行操作，社区居委会的双重角色让其处于尴尬状态。而且由于法律的长期不更新，组织法规定的居委会的性质、职责、任务、产生程序、运行机制等与现实有较大的差异。另外，其他相关配套的法律和实施细则也很少。另一方面，新型社区的失范还表现为社区管理体制的单一性。我国社区非政府组织的不发达，对政府、社区自治组织、社区居民三方协同的管理模式的形成造成了阻碍。在西方国家自治模式的社区管理中，非政府组织扮演了非常重要的角色。“美国137万个非政府非营利组织遍布全美各地，实际上是一种群众为实现自己的目标而结成的自我组织”。非政府组织就其性质来说是一种服务性组织，具有团体组织严密、机构健全、责任感强、市场化运作程度高、运作成本低等特点。随着社区体制的兴起，社区服务和社区建设的广泛开展，非政府组织也逐渐受到重视，一些与社区服务、社区教育、社区活动相关的非政府组织纷纷建立，并开始活跃在社区舞台上。然而，如何让非政府组织担当起社区建设的重要任务，使其成为社区管理角色的主要扮演者之一，还应进一步探讨。

（二）利益驱动的人际交往观深入人心

库利的互动论认为，社区群体是成员之间有面对面的交往与合作的初级群体，在初级群体中，人际关系是友谊关系而不是利用关系。事实上由于社会解组等原因，不少居民失去了原有单位的社会资本资源，人与人之间情感上的关系也逐渐被金钱所取代，社区中以利益为驱动力的人际交往观深入人心。

社区居民的关系网络松散，从个人利益的角度上来说，居民之间没有直接的利益来往，也意识不到通过社会关系网络的建立形成的社会资本会间接带来经济上的收益。事实证明，社会资本在经济领域的贡献是巨大的。对经济增长迅速的东亚地区的研究发现，这些地区的经济有时被认为代表了一种新形势的“网络资本主义”，这些网络常常是以家族或是海外华人这样联系密切的种族社群为基础的，它们能培养信任，降低交易成本，并加速信息的流动和创新。经济社会学家马克·格拉诺维提出，“当订立合同或谋职这样的经济交易是在社会网络中进行时，就会更有效率。”因此，社会资本能带来间接的经济效益，这使得在社区居民之间建立紧密的关系网络成为可能。

社区居民的关系网络松散，从集体利益的角度来说，主要因为社区尚未形成共同利益，社区居民没有为实现共同利益而组成社区网络的动力。米德的符号互动论认为：“我们至少有两套可以进行互动的基本符号：一是自我称谓词，二是各种共同利益、共同地位与共同关系的词。自我总是和这些各种各样的共同利益、共同地位、共同关系联系在一起的。独立于共同利益、地位、关系的纯粹的自我表达方式，似乎不可能存在。”通过建立社区共同利益，能让社区居民增加社区参与的频率，并由此建立社区互惠和社区信任，真正使社区居民的关系网络紧密起来。

第三节　社区社会资本的建构

国内学者王思斌对我国社区建设的理论模式的探讨中提出，社区成员参与是社区建设的关键。结合前人关于社区社会资本建设的善治理念的理论和实践研究，要实行善治，实现社区的规范、社区信任，建立社区网络，提高社区社会资本存量，必须在社区建设过程中实现社区居民自治。在具体实践中必须从以下三个方面着手。

一、 社区居民主体公民意识的培育

中国几千年的封建历史对国民思想产生了很深的影响。“大部分公民充当了‘臣服角色’，他们认同于国家政治制度并贯彻其政策……”（詹姆斯·R. 汤森，1996）。许多居民在面对社区的管理上，对政府的安排有强烈的认同，这是出于一种“臣民”心理的惯性行为，而不是理性思考的结果。这种惯性行为让居民缺乏自主参与社区管理的意识，阻碍了社区居民自治的实现。

费孝通先生的“差序格局”理论认为，“我们的社会结构本身和西洋的格局是不相同的，我们的格局不是一捆一捆扎清楚的柴，而是好像把一块石头丢在水面上所发生的一圈圈推出去的波纹。每个人都是他社会影响所推出去的圈子的中心。被圈子的波纹所推及的就发生联系。每个人在某一时间某一地点所动用的圈子是不一定相同的。”乡土社会的信用是发生于一种行为的规矩熟悉到不假思索的可靠性，而不是对契约的重视。“在差序格局中，社会关系是逐渐从一个一个人推出去的，是私人关系的增加，社会范围是一根根私人联系所构成的网络。”这个观点包含了这样一个意义，即个体从关系网络中动员社会资源的能力就表现在自己因对家庭及拟亲缘履行道德和伦理义务而赢得的社会声望上。如果将包括家庭及拟亲缘关系在内的特殊关系网络视为工具性纽带，并进行以互惠交换为基础的工具性运用时，那么，人情准则的关系网络就顺理成章地演变为能动性的关系资本，关系建立的基础也由家庭或拟亲缘扩展到更为广阔的职业联系和社会关联中。

通过以上分析，我们可以得出这样的结论，即中国城市社区居民是有建立社区资本的欲望和能力的，这种公民主体意识的欠缺的原因在上述已经有过讨论，所以培育公民意识成为我们构建社区社会资本的根本出发点。“东西方国家的事实都表明一个最基本的政治原理：有效的国家治理，不是通过国家权力无限扩张来完成的，相反，是通过合理范围内的国家权力运作、社会自治的有效展开以及这两者的相互配合与合作来实现的”（林尚立，2002）。虽然改革开放以来，我国政府对自身在国家建设过程中的角色扮演有深刻的思考和较大的转变，然而长期单一的行政管理理念使得政府与公民形成了完全掌控与被掌控的局面。公民意识的培育，可以使公民在参与各种日常的政治、经济和文化活动中体验自由、平等的民主精神；可以转变自上而下的管理格局，营造自下而上的民主过程；可以让公民在官民对话中拥有自主权，起到监督管理的作用。

然而公民意识不可以简单移植，也不是一蹴而就的，其培育需要有适宜的土壤。从政府的角度来讲，在管理理念上应坚持公民社会的理念，摒弃对社区居民参与社区自治的不信任；在具体行为上应改变对个人的管制、包办行为，转变自上而下的单向运行模式，建立信息公开、意见采集等方式来保证公民参与到社会事务的决策过程中，激发公民的参与热情。从非政府组织的角度来讲，非政府组织可以在很大程度上吸纳社区居民参与到社区公共事务的管理中来。从社区居委会的角度来讲，如果能真正保证社区居委会实现群众自治，那社区居委会将成为社区居民进行社区自治的最有效方式，社区居民可以充分发挥其创造性和自主性，实现自我教育、自我服务和自我管理。社区居民主体公民意识的培育，必然能提高社区居民参与自治的积极性，将社区转化成民主力量成长和积淀的基地。

二、 社区居委会功能定位的回归

纵观世界各国，社区的组织管理模式大体有三种：自治型模式，行政主导型模式，半行政、半自治模式。我国的社区管理模式正处于行政主导型向自治型的转型过程之中。

我国《居民委员会组织法》规定，居民委员会是自我管理、自我教育、自我服务的基层群众性自治组织。居民们通过社区居委会这一组织形式，通过自行选举、自行管理社区事务、开展社区服务活动、协助政府管理事务等方式来充分行使自己当家做主的权利，积极参与到本社区事务的管理和建设中来。

然而就现阶段而言，我国的社区居委会在功能定位上出现了偏差，由原本实行自治事务管理的功能异化成了对行政事务的管理，社区居委会作为“政府的腿”的角色深入人心。涂尔干的社会团结理论告诉我们，在一个社会或社区中，原有协调与维持人们活动的社会规范遭到破坏或解体后，新的普遍性规范还没有建立起来的时候，该社会或社区就处于一种失范的状态之中。当前我国经历了单位体制向社区体制转变的社区正是处于这样一种失范状态中，社区居民虽然生活在一起，但却处于机械团结而不是有机团结之中。一个社区要建立一种平等交换、守望相助的规范，依赖于社区自治组织的建立，只有在此基础上，居民之间才能有长期频繁的互动关系。这种失范状态的改变，要求社区居委会回归其自治功能，规范其在社区中的定位。事实上，体现社区居委会的自治特色，一方面能减轻社区居委会的行政负担，从沉重的行政工作中脱离出来，专心从事有利于社区居民的自治事务管理，提高居民对居委会的认同度。有相关研究表明，在社会资本的各种因素中，社团因子和社区认同因子对于居民的政治参与和自治参与起着更为积极的作用。树立社区居委会在居民心中的形象，让社区居民真正感受到居委会在管理自己的事务、解决自身的问题，才能增强社区居民对居委会的认同度；另一方面，居委会从事自治事务管理，也便于社区居民通过居委会这一途径有效参与到社区自治中来。

社区居委会如何真正实现其自治角色，是社区建设中一直积极探讨的问题。对于政府而言，如何让社区居民组织还原其群众性自治组织的本来面目，如何更加有效地实现政府对社区的参与管理是亟待解决的问题。“具体地说，政府的主要职能是对社区的建设进行宏观的规划、管理，制定法律、规范来约束社区内其他主体的行为，为其他主体参与社区建设创造良好的外部环境，同时加强对其他社区主体的监督和引导，不再直接干涉具体的社区的事务，改变原来‘全能型’政府模式，在社区管理中坚持‘有所为，有所不为”（陶铁胜，2000）。在探索社区自身角色转变的模式中，张俊芳指出：“目前就此有两种解决模式：一是在居委会自治与政府行政性工作任务落实之间寻找一个结合点，让居委会从本不该承担却一直承担的行政性工作中剥离出来，使居委会逐步朝着自我管理、自我教育、自我服务、自我监督的方向发展；第二种模式是寻找一种替代方式，把一直由居委会承担的行政性工作承担下来，以保证自上而下下达的各项任务的完成和落实。”这两种模式在具体实践中都有运用，后者尤以上海市普陀区真如镇最为典型，通过设立社区工作站来承担本社区的行政事务；相类似的做法还有如南京鼓楼区等地区，通过实行社区居委会议事层与干事层相分离的模式，由议事层来充当社区居民自治的载体，干事层充当街道下属的行政机构。因此，社区居委会实现自治的模式多种多样，在具体实践中也显示出这些模式的可行性，各地居委会应该结合地方特点，探索合理的模式来逐步实现社区居委会功能定位的回归。

三、社区居民良性互动网络的建构

社区居民良性互动网络是社区社会资本概念的要素之一，它建立在社区居委会提供的规范化管理的基础之上，同时也以社区居民之间，以及社区居民与居委会之间的相互信任为前提。

托马斯在他关于社会解组的研究中曾指出，要实现社会的重组，必须尽快建立新的制度和规范体系。对于新型社区来说，建构社会居民良性互动网络的首要前提就是尽快建立新型社区新的制度和规范。这主要可以从三个方面着手解决：一是政府应制定社区服务、社区管理方面的相关法律，以促进社区发展；及时更新《居民委员会组织法》，使其与社区发展的实际相配套，更具可操作性；二是社区居委会要转变自己“政府的腿”的角色，回归到群众性居民自治组织的功能上来；三是尽快完善社区非政府组织。非政府组织参与到社区建设中，可以为社区居民提供一个参与社区事务、进行社区自治的途径，通过在社区内创建一些特色社团，使社区居民之间的相互接触和沟通更为频繁，促进社区居民在共同交往中的信任和团体凝聚力的产生。同时，还可以满足市场经济条件下多元化的社区需求，让更多专业社会工作者通过这种途径进入社区，让非政府组织的专业性更强，组织更严密，机构更健全，运作更规范。建立新型社区新的规范体系，通过社区居委会和非政府组织搭建的社区自治组织的平台，让社区居民参与到各种社区团体和社区事务管理中来，真正实现政府、社区自治组织和社区居民三方协同的社区管理模式。

社区居民良性互动网络的建立还应以相互信任为前提。有研究表明，一般而言，人们倾向于同与自己相似的人互动。这就是所谓的同质性原则，同质性原则潜存于许多社会互动过程中，包括在社区交往中，也容易产生交往双方的信任感。另外有研究表明，在影响普遍信任的诸因素中，社团参与因子具有正向的显著作用。这与当年普特南的研究结果是一样的。普特南认为，“信任最容易产生于水平联结及自愿形成的组织中，因为水平的组织形式提供了一个人们可以相互讨论问题的基础，并且在自愿性组织中很容易形成‘信任循环’，而组织结构的平等化和自愿组织的充分发展则正是善治目标的重要内容。”在新型社区中，社区居民因为住房关系而聚集在一起，同质性的发现依靠参与社团组织等手段。因此，培育更多的横向社团，鼓励市民更多地参与社团活动，是提高社区居民间相互信任的一个重要渠道。这种横向社团的培育依赖社区自治组织的发展和社区居民主体公民意识的觉醒。

结合以上分析，我们发现，新型社区如果没有建立起制度和规范，那么其网络结构就像一盘散沙；有了新的社区规范的约束，社区居委会虽然得以发展并被赋予自治职能，但在实际操作过程中是行政事务的承担者，整个社区构成一个以社区居委会为联结点的网络图，这也是我们目前新型社区最为普遍的社会互动关系网络图。然而社区良性互动网络关系的建立绝不止于此，我们的近期目标是通过政府对社区的合理运行的管理及社区居委会群众自治组织的功能回归，通过建立社区内的社团组织，吸引社区居民参与到社区事务中来；我们的远期目标是通过对社区居民宣传社区管理的主人公意识，完善社区自治组织，建立以社区居民为管理主体的良性社会网络关系。如下图所示，调查中大圆圈为社区居委会，小圆圈为社区非政府组织，居委会和非政府组织作为社区自治组织，各自建立社区居民自愿参与的社团组织，自治组织还可以通过与居民的沟通，让社区居民参与到不同的组织中去。同时社区居民也因为主动性的提高，自发组织社团组织，形成居委会与非政府组织相互协调，自治组织与社区居民相互努力的新局面，共同促进社区居民关系网络的构建。

社区良性互动网络的构建，反过来也可以促进社区规范的完善和相互信任度的提高。“社区成员间的沟通能减少‘一次性博弈’中的机会主义问题，能唤起一些有助于合作的价值和创造一种群体的身份和意识，合作会自然发生，正如普特南所说，在一个相互熟悉、互动频繁、团结互助的社区，平等交换的规范和互信都不难建立。”因此，对于社区来说，规范、网络和信任是相互影响、相互促进的，通过建立彼此间的良性循环，社区社会资本存量的提升将能很好地实现。

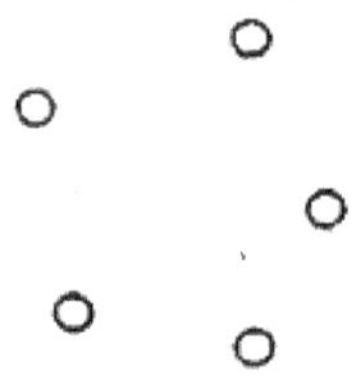

完全松散的社区个体

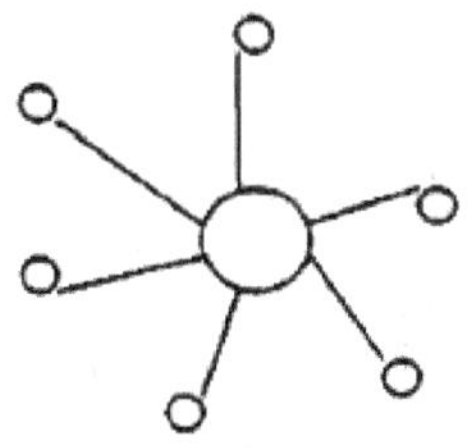

以社区居委会为联结点的简单网络结构

◯代表社区居委会，○代表社区居民

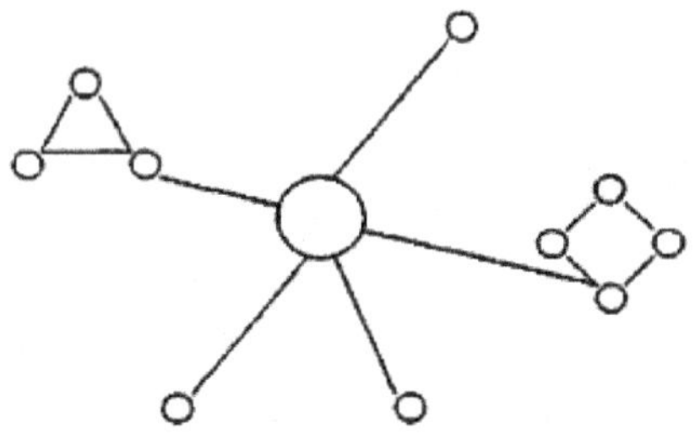

◯代表社区居委会，○代表社区居民，在社区居委会的组织下形成了一些社区社团，为社区居民之间的互动提供了平台。

在政府的规范管理下，社区居委会和非政府组织为社区居民提供了互动的平台，在这种简单互动中可以形成两种关系，强连带关系和弱连带关系，强连带关系带动了社区信任的产生，进而建构了社区居民的良性互动网络。同时，这种互动网络又促进了社区居民的再互动。

第六章 城乡一体化背景下的农村社区建设

第一节 公共参与

参与是个体对有关事件的介入，并在这个过程中与他人产生互动，是同他人平等地对话、交流、处理问题的过程。公众参与，主要是动员组织群众依法、理性、有序地参与社会管理和公共服务，实现自我管理、自我服务、自我发展。公众参与作为一种制度化的民主制度应当是指公共权力在做出立法、制定公共政策、决定公共事务或进行公共治理时，由公共权力机构通过开放的途径从公众和利害相关的个人或组织获取信息，听取意见，并通过反馈互动对公共决策和治理行为产生影响的各种行为。公众参与强调决策者与受决策影响的利益相关人双向沟通和协商对话，公众参与遵循的基本原则是“公开、互动、包容性、尊重民意”。公众参与的范围主要在环境保护、城市管理和规划、公共卫生政策和管理、公共事业管理和地方政府重大项目决定等方面。在基层治理方面，公众参与主要是农村村民的自治管理和社区治理。社会管理是人类共同的权利。人类有完善社会秩序的权利、接受高质量公共服务的权利以及分享经济发展成果的权利。社会发展和社会管理也是公众的责任。

一、 农村社区建设中的公众参与

农村社区建设中的公众参与，就是动员、激励公众关心农村社会事务、参与农村社区建设。从其内涵来看，公众参与农村社区建设主要包括两方面：一方面是动员公众参与公共政策制定，让公共政策更加符合民意和公众利益；另一方面是培养公众的社会责任感，使公民具备参与农村社区建设的愿望和能力。

公众参与是社会管理体系的新理念与新方法，改变了过去政府在社会管理中的绝对权威状态。农村社区建设中的公众参与是尊重基层群众的基本利益诉求，通过基层群众的积极参与，使农村社区内部所有成员都能够共享发展成果。通过发挥农村乡土文化及传统组织的作用，充分实现农民的话语权，使农村社区建设沿着健康、持续的道路发展。公众参与农村社区建设使农村社区居民有机会参与农村社区公共事务决策，有权利与责任参与到农村社区管理体制中，能够通过公众参与，表达自己的利益诉求，使利益诉求获得满足，能够进一步提高农民政治参与的意识与能力，实现农村社区的协调发展。公众参与农村社区建设是实现公平与效率的保证。农村社区建设涉及农村的政治、社会、经济、历史文化等方面，面临情况的复杂性不是单纯依靠政府所能解决的。政府通过组织民众积极参与农村社区建设，避免了政府公共决策的人为化、偏执化，使其制定的各项政策措施都能够体现民众的基本意愿，得到民众的共同认同与遵从。

在农村社区建设中促进社会公众的积极参与，既是农村社会管理体制变革的具体体现，同时也促进农民逐渐参与社会资源的分配，实现资源共享目标。因此，动员农民直接参与农村社区建设既是解决农村社区建设问题，也是实现更高层次上农村社会进步与发展的必经之路。

二、 农村社区建设中公众参与的障碍

（一）公众参与中的制度性障碍

农村社区建设基本目标的实现需要政府行政管理与农村社区自我管理的有效衔接，需要政府依法行政与村民依法自治之间的良性互动。公众参与是“有效衔接”与“良性互动”境界达成的基础。实现农村社区建设的目标需要农民的积极参与，公众参与需要健全完备的体制与机制。制度具有根本性的作用，实现公众参与的目标，需要建立完备的制度机制，如民主选举制度、民主决策制度、民主监督制度，等等。现有的农村社区公众参与存在制度性障碍。由于我国农村受封建落后制度的影响深厚，基层组织与农民的民主意识淡薄，各项制度不健全完善，从而影响了公众参与目标的实现。按照《村委会组织法》的规定，村委会建立后，要建立村民议事会、民主理财小组等村民自治组织及相关的制度。但是在许多地方，既没有建立完善的组织机构，也没有建立完善的制度体系，使村民缺乏民主参与的载体与保障，导致公众参与出现各种缺失。公众参与的缺失影响了村级组织的凝聚力与号召力，影响了农村民主政治的发展。

（二）公众参与渠道不畅

公众参与目标的实现需要不同的渠道，参与渠道的畅通与否直接影响到参与的成效。在农村社区建设中，畅通的公众参与渠道能够提升农民参与的积极性与主动性。随着农村社会的变革，农民政治参与的渠道逐步完善，但由于我国长期封闭的行政管理体制的影响，农民参与农村社区建设的渠道还不畅通。健全完善的法律体系是建设法治国家的必然要求，但是建立健全的法律体系是一个长期的过程。目前，我国还缺少保障农民参与的专门的法律法规，农民参与在很大程度上是一种临时性参与，法制化、制度化的参与渠道不健全。在我国高度集中的行政管理体制下，公众处于被动接受管理的地位。新型农村社区建设实施的基本取向是实现政府管理体制的变革，实现社会治理的多元参与化。但是政府为了促进其管理效能的最大化，会想尽办法将公众排除在行政管理体制之外。目前，公众参与农村社区建设中各项政策措施的制定缺乏积极的行政参与渠道。信息化是当今社会发展的方向与潮流。拥有正确的、先进的信息成为政府、企业、个人在激烈的竞争中取胜的法宝。对于公众参与来讲，也需要畅通的信息，才能保证公众参与的高效能。一直以来，我国农村地区处于落后的境地，信息十分闭塞，加之农村农民的落后，农民参与农村社区建设的信息化渠道不畅。

（三）公众参与的层次较低

公众参与的能力、水平与参与者的知识水平、能力素养成正比关系。长期以来，我国城市居民接受的文明程度远远高于农村居民，市民的文化水平也高于农民的文化水平，城市公众参与的层次远远高于农村公众参与的层次。农民在全国总人口中一直处于绝对优势地位，虽然近年来随着我国城镇化进程的加快，越来越多的农民逐渐向城市转移，但是农民作为人数最多的群体这一状况将长期存在。现代民主政治的发展需要建立科学、有序的参与制度，但是在封建制度下，农民的臣民思想、依附思想严重，农民一直以来依附在家族、宗族组织的保护下，农民不能也不想脱离家族组织的庇佑。在封建思想意识的影响下，农民的参与层次也极低，具有明显的家族与宗族色彩。在农村人口众多以及农民政治参与能力低下的影响下，农民政治参与将长期处于一种家族化、低层次化甚至是临时化状态。

三、完善公众参与的体制机制建设

农村社区建设的终极目标是通过社区建设提升农民参与能力与水平，使农村社区具有自我发展的能力。在这一过程中，必须坚持赋权于民，确保农民在社区建设中的主体地位落到实处，完善公众参与的体制与机制建设。

（一）公众参与中的政府支持

在农村社区建设中，依靠公众参与管理公共事务，是实现农村社区有效管理的重要形式，而公众参与公共事务的管理需要政府的支持做保障。

政府要加强对农民的教育，使农民树立主体意识。农村社区建设中，政府主要发挥其引导与教育的功能。政府要通过各种宣传方式将其方针政策输入进农民的思想观念中，实现农民思想的解放。政府的宣传与教育主要引导农民明确自己是农村社区建设的主体，是农村社区的管理者也是被管理者，积极参与农村社区建设是农民的权利也是义务。

进入20世纪中叶以来，世界范围内掀起了信息化浪潮，进行信息化改革成为各国政府的必然选择。在信息化时代，信息成为政府、社会组织乃至个人所必需的资源，信息化成为衡量一个国家文明发展程度的标志，成为衡量社会组织与个人发展进步的标尺。农村社区建设中推进公众参与，各级政府必须向农民公开各种政策及信息，确保信息的畅通无阻。长期以来我国农民只是各种信息的被动接受者，加之由于农民自身文化素质、农民所处的生活环境等影响，农民在信息资源获取上远远落后于其他各类社会组织。因此，在农村社区建设中，各级政府必须更加注重为农民提供各类信息，保证信息的畅通有序。

（二）公众参与中的制度创新

我国《宪法》规定："中华人民共和国的一切权力属于人民。人民依照法律规定，通过各种途径和形式，管理国家事务，管理经济和文化事业，管理社会事务。"但是在现实社会生活中，特别是在公共事务的管理中，存在公众参与的制度性供给不足。在农村社区建设中，政治动员的程度远远高于政治组织化与政治制度化的程度，强化公众参与的制度供给对农村社会管理体制变革具有积极意义。我国的改革先从经济方面实施，在由计划经济向市场经济转变过程中，我国社会发生了巨大变化。我国行政体制改革一直处于滞后的状态，虽然在农村实施了以村民自治为主的农村民主政治制度，但是村民自治的组织载体村委会组织一直以来处于我国行政管理系统的末梢，行政化倾向十分明显。村委会组织在运行过程中实行“议行合一”的制度模式，村委会组成人员既是决策者又是执行者。这一模式造成村民自治组织的法律地位缺失，影响了公众参与的实现。在农村社区建设中，要充分发挥公众的参与作用，实行决策权与执行权相分离，杜绝村委会的两权独握，实行“议行分离”制度。“议行分离”是农村基层管理体制的深层次变革，它使农村传统的权力来源方式与农村基层组织的职能发生了深刻变化。经居民选举产生的居民委员会真正成为农村基层“民意”与居民的代言人。同时在公众参与过程中，还需重视与发挥农民监督作用，这是保证公众参与实现的屏障。实施民主监督是农村基层自治的重要内容，是公众参与的制度性创新。在民主监督过程中要建立健全村务监督机构，开展民主评议、村干部任期和离任经济责任审计，建立起责权明晰、衔接配套、运转有效的村级民主监督机制。实现村级民主监督制度完善、监督形式丰富、民主评议有效、经济责任审计规范的目标，切实保障农民群众的知情权、参与权、表达权和监督权。

（三）公共参与中强化农民素质培养

农民的素质与能力状况直接影响到公众参与的水平与效能。农村社区建设涉及面极广，受到经济与政治因素、历史与现实因素、内部与外部因素、国家与个人因素等方面的影响，情况十分复杂。面对这一状况，必须引导农民适应面临的新情况与新问题，提高农民分析和解决问题的能力。农民能力的提高要求必须加大对农民的扶持力度，培养高素质的新型农民。一方面继续实施城乡公平的教育政策，实现教育资源向农村倾斜。教育是提高人的素质的基本前提，义务教育能够保证农民接受基本的教育，为培养新型农民奠定基础。另一方面实施对农民的技能培训。先进的技术技能是一种生产力，它能够创造财富，实现富民的目标。对农民实施技能培训是提升农民素质的重要内容。这一方式改变了直接给予资金支持的“输血式”帮扶模式，使农民具有了“造血”的能力。农民素质与能力的提升，增强了农村社区的可持续发展能力。

第二节 农村社区建设的均等服务

随着我国农村经济的不断发展，农民生活水平的提高，对农村公共服务提出了更多更高的要求，这就需要政府加大对农村公共服务的投入，建立适应农村市场经济发展和满足农村社会全面发展所需的新型农村公共服务体系。加快发展农村教育、卫生、文化等社会事业发展，实现我国农村公共服务的均等化，是我国农村社区建设迫切需要解决的问题。政府是基本公共服务的提供者，是非基本社会公共产品生产的倡导者和参与者，为公民提供基本公共服务是政府合法性的来源之一。“一个政府‘如果对老者和病人不能照顾，不能为壮者提供工作，不能把年轻人注入工业体系之中，听任无保障的阴影笼罩每个家庭，那就不是一个能够存在下去，或者应该存在下去的政府’”。因此，“必须从维护最广大人民根本利益的高度，加快建设基本公共服务体系，加强和创新社会管理，推动社会主义和谐社会建设”，“加快形成政府主导、覆盖城乡、可持续的基本公共服务体系”。在农村社区建设中必须构建以政府为主导的、城乡均等化的公共服务体系。

一、构建以政府为主导的公共服务科学决策机制

财政是政府的收支活动，是国家政权活动的重要枢纽，曾被亚当·斯密称为“庶政之母”。财政作为政府的收支活动，是发挥政府职能、实现政府社会管理职能的物质手段与机制保障。满足社会公众需要，保障与促进社会公平是公共财政的基本要求。建立政府在公共服务体系中的科学决策机制，必须发挥政府支配公共财政职能，使公共财政向农村、农业、农民倾斜。一是明确各级政府在公共服务中的事权与责权。在公共服务体系中，中央政府负责制定国家基本公共服务标准和政策法规，根据公共财政安排提供涉及中央事权的基本公共服务，同时对省级政府提供的基本公共服务进行监督、考核与问责；地方各级政府按照事权与责权相一致原则，制定所管辖区域内的公共服务标准及根据本级公共财政水平提供相应的公共服务，上下级政府之间不允许转移各自应承担的事权与责权。二是建立与经济发展、财政收入增长相适应的公共服务财政投入增长机制。各级财政是公共服务的保障，要建立随

着财政收入增加，公共服务特别是农村公共服务投入定期增长机制，并将公共服务的重点放在与农民生产生活条件改善最密切的农村基础设施建设、农村义务教育、农村公共卫生、农民社会保障等方面。以山东省农村公共医疗改革为例，针对长期以来农民看病难、看病贵，农民基本医疗得不到保障的情况下，山东省按照国家要求实施了以新型农村合作医疗为核心的农村基本医疗改革。按照人人享有基本医疗卫生服务的目标要求，建立了公共卫生服务体系、城乡医疗服务体系、药品供应和安全保障体系，提高了基本医疗卫生服务的公平性、可及性和质量水平。三是合理确定基层政府的职能范围。随着政府职能改革，建设有限、责任、法治的公共服务型政府成为政府改革的目标。公共服务型政府就是在公民本位、社会本位理念指导下，在整个社会民主秩序的框架下，通过法定程序，按照公民意愿组建起来的以公民服务为宗旨并承担服务责任的政府。公共服务型政府突出了政府的公共服务理念与职能。在工作思路上，基层政府要实现由行政推动型向服务指导型转变，政府主要在政策、信息、技术、法律、就业等方面为农民提供服务；在工作方式上，基层政府要把经济发展的职能交给社会与农民，政府主要负责制定合理的经济结构调整规划，建立健全农村各项制度体系；在工作理念上，注重提高干部素质，增强干部的服务宗旨与服务理念。

二、 构建反映农民需求的公共服务表达机制

马克思指出，“需求即人们的本性”。个体的生存、发展与需求密切相关，人们过有组织的生活的重要目的在于满足个体的需求，也只有满足全体成员公共需求的共同体才能够形成较强的凝聚力与向心力。随着我国经济社会的不断发展，公共服务需求日益成为农民最急迫的需求，成为农民与国家之间的重要联系纽带。政府提供的公共服务是否符合农村大部分居民的实际需求，是衡量农村公共服务供给有效性的重要标准。在农村公共服务体系建设中，政府要逐步确立依据农民、农村的内部需求，通过农民制度性参与来决定公共服务投资范围和投资方向的制度。基本公共服务权是公民的一项基本权利，全体公民应当平等地享有公共服务权利。农村公共服务必须充分反映农民的公共服务诉求。传统的农村公共服务体制制度下，由于政府机构及其官员不可能比农村居民更了解农村居民需求，结果导致农村公共服务供给不足或供给内容扭曲，使农民的公共需求无法满足。必须通过制度性参与将农民对公共服务的真实偏好表达出来，真正实现农民的公共服务需求。我国农村地

域广阔、人口众多，各地经济社会发展水平千差万别，农民的生活条件与对公共服务的需求也各不相同。在农村社区建设中，建立城乡均等化的公共服务体系，必须符合不同的农村地域条件、符合农民不同层次的服务需求；经济社会是不断发展变化的，农民对公共服务的需求也是一个动态发展的过程，农民对公共服务的需求层次会随着经济社会的发展而不断提升。建立城乡均等的公共服务体系，必须与农村社会发展现状相适应，必须与农民的生活水平相适应，不断满足农民越来越高层次的公共服务需求。

三、 构建以政府为主导的多元供给机制

关于农村公共服务供给主体，乡村建设派领导者梁漱溟认为社会应该是公共服务供给的主体。因为“其由政府推行者之耗费大，效率小，不亲切，不实在。”而社会则能够达到“无形中就将农民都变成经济的战士，而提纲挈领便于指挥。”费孝通认为政府应当承担起提供公共服务的责任。他认为：“如果政府能利用现有的……互助会等系统来资助人民，效果可能要好一些。”“如果能利用传统的渠道，再用政府的力量将其改进，似乎成功的机会会大一些。”农村公共服务是政府的基本职能之一，但又不是全部职能，必须动员社会各方面力量共同参与，建立起以政府为主体，政府、市场、农村民间组织、农村居民多元共同参与的农村公共服务供给体系。政府在公共服务供给中起到组织、规划与领导作用。农村公共服务是为满足农业、农村发展，满足农民生产生活需要而提供的公共服务，具有一定的排他性与非竞争性，包括农村教育、卫生、文化、社会保障、基础设施建设等，这些公共服务属于纯农村公共服务。政府作为公共权力代言人，必须担负起市场不能提供的纯公共服务的供给主体责任，发挥其组织、规划与领导作用。充分发挥市场机制在公共服务中的作用。政府不是万能的，在提供公共服务时，政府充分利用市场机制，发挥市场在公共服务供给中的作用。具体来讲即政府运用市场运作的方式，在超市、家政服务、农资供应等方面为农村提供公共服务。在计划经济体制下，各级农村供销合作社是农村地区商贸物流的主要供给网络，供销社在农民生产生活中具有举足轻重的作用。实行市场经济以后，农村市场逐步搞活，个体经营户大量出现，大小不一、品种繁多的各类商店遍布农村各地，传统的农村供销合作社组织由于体制僵化、货源匮乏，各地的服务网点纷纷倒闭。在农村中出现的各类商店由于农民的需求层次低、地区偏远，缺乏有效的行政监督检查，食品安全等问题突出，对农民的

生产生活产生了不利影响。按照商务部提出的全国“万村千乡市场工程”要求，全国各地开始建立与大型超市相联系的便民连锁商店。由于大型超市企业规模大、各种监督机制规范，保证了农村便民服务网点商品的供给质量。总之，政府通过有意识地培养市场微观经济组织，为农村公共服务创造良好的市场环境，逐步构建起市场化的农村公共服务供给与经营体制。发挥农村民间组织与农民在农村公共服务中的补充作用。农村公共服务不仅包括纯公共性质的服务，也包括与农民生产生活密切相关的近似私人的服务。由于农民需求的多层次与多样化，政府不可能为此提供完备的服务，需要发挥农村民间组织与农民在公共服务中的自给自足作用，来满足农民的多样化公共服务需求。

四、构建以政府为主导的农村公共服务筹资渠道

政府履行农村公共服务供给的最直接措施是加大财政投入。当前，从农村社区建设的总体要求和目标来看，农村的公共服务建设需要大量的财政投入，主要包括基础设施建设投入，教育、卫生、民政等社会公益投入以及科技教育资金等。强大的资金需求需要政府建立一套公共财政的体制来保证公共服务供给资金的来源与使用效率。在农村社区公共服务的供给中，按照中央与地方所承担的权责比重，建立与其责权相适应、合理的公共服务供给的财政分摊制度，使各级所承担的公共服务供给在其财力所能承受的范围内，防止出现权力上收，而责任下放的现象。在坚持政府逐步加大公共服务预算资金的基础上，“加快改革财税体制，健全中央和地方财力与事权相匹配的体制，完善促进基本公共服务均等化和主体功能区建设的公共财政体系，构建地方税体系，形成有利于结构优化、社会公平的税收制度。”吸收社会民间资本投入到农村公共服务供给中来，加大农村自然资源的利用效率。“建立公共资源出让收益合理共享机制”，“改革征地制度，提高农民在土地增值收益中的分配比例”。雍和园社区合村并居工作完成后，口镇政府着手加强雍和园社区公共服务体系建设，把公共服务建设作为推进农村社区建设的落脚点，提高社区居民对社区的认同感。在社区公共服务建设中形成了以政府为主导，社区组织为辅助，社区居民自我服务为补充的公共服务体系。一是坚持以政府为主导，口镇政府成为雍和园社区公共服务的主要供给主体。在规划设计方面，由政府负责聘请高校规划设计院按照“科学、特色、实际、满意”的原则进行高标准的规划设计，政府先后投资 800 万元用于雍和园社区的规划与设计。在基础设施配套建设方面，按照新的

城市建设标准，高标准进行了道路，管网、天然气等基础设施建设，政府先后投资建设雍和园社区所需10公里道路，铺设了覆盖社区的污水管网，天然气与暖气管道，以上投资近千万元。在雍和园社区服务中心建设方面，政府投资650万元建设了雍和园社区服务中心。为促进社区建设工作的顺利开展，政府对社区办公经费给予30%的补助。二是在公共服务中实行以社区组织为辅的公共服务。在除去政府负担社区公共服务部分，社区组织也相应承担了与社区居民生活相关的部分公共服务职能。在社区居民基本生活保障方面，雍和园社区组织通过社区资产管理委员会为居民提供了基本的服务。在公共卫生服务中，社区在服务中设立公共卫生服务机构，实行一站式诊疗服务；在新型农村合作医疗筹资过程中，社区依托各村资产管理委员会为社区居民缴纳了新农合资金。2008年、2009年、2010年雍和园社区共为社区居民负担新农合资金60万元。在新型农村社会养老保险中，雍和园社区组织为符合条件的社区居民全部办理了新型农村社会养老保险。同时，雍和园社区依托社区服务中心，对社区居民实施一站式全程代理服务制度，按照服务内容公开、办事程序公开、申报材料公开、收费标准公开、承诺时限公开的原则，全面落实首问负责制、申报登记制、一次性告知制、一般事项限时办结制、特殊事项承诺办结制、重大事项联合办结制、控制事项明确答复制等“七项制度”，为社区居民提供了高效便捷的服务。

第三节 农村社区建设的资本整合

一、我国农村社会资本现状

（一）农村社区中的社会制度现状

关于“制度”一词，《礼记·礼运》中指出：“故天子有田以处其子孙，诸侯有国以处其子孙，大夫有采以处其子孙，是谓制度”。“制度”的概念表现了当时土地分封制的刚性内涵，这种分封制既是一种精神理念上的认可，又是一种硬性的、轻易不变的制度规则和规定。作为一种刚性的社会存在，社会制度是由一定历史时期内具有稳定性的社会规范体系组成的，能够协调各种利益关系、化解各类社会矛盾、解决社会问题，具有规范社会行为导向与社会整合的功能。社会制度的首要和基本功能在于对有限的社会资源进行有效分配，以此来构建支撑现实社会发展的规则体系平台。作为一种精神理念上的认可，社会制度是一定时期的社会认识上的公平与正义，具有传递与创造文化的功能，是相对持久的社会关系的定型化。

制度作为一种刚性的社会存在，体现着国家政权的力量：社会作为一种社会精神的认可，体现着民间的力量。实现社会制度对经济、政治及其他社会资源的分配功能，必须将制度这一国家政权力量深入到民间，成为人们在社会活动中共同遵守的准则和规范，社会制度才具备社会资本的功效。社会制度是社会资本的基本内涵之一，实现社会资本的整合必须加强社会制度建设。在城乡一体化背景下进行农村社区建设必须注意解决社会制度问题，通过建立良好有效的制度体系，保障农村社区建设健康有序进行。

社会是一个有机的组织系统，是由正式的与非正式的制度体系组成的。正式的制度是人们在社会生活中根据需要有意识地进行创造的产物，非正式制度则是人们在长期的生活中在无意识状态下，自发形成的具有继承性、地域性、稳定性的文化形态。正式与非正式制度的有机协调运转，保证了社会的正常运转与和谐发展。在农村社区建设中建立完备的社会制度体系，也需要正式制度与非正式制度统筹协调作用的发挥。

（二）农村社会中的法律规范

农村社会中的正式制度体系是由法律规范组成的。法律规范是政府通过正式、规范和具体的文本方式建立起来的，对村民行动有着强制约束力的法律、政策及规章等规范体系。法律规范是农村社会资本的重要组成部分，通过规章制度赋予农村社会中各类主体不同的权利，约束和调节农村社会成员的行为。

改革开放以来，为维护农村社会秩序，促进农村经济社会协调发展，国家先后颁布了许多关于农村建设的法律和政策，包括《中华人民共和国村民委员会组织法》《土地管理法》《农村土地承包法》《农民专业合作社法》《农业法》等法律规范；面对农村社会变革中出现的一系列问题，自 2004 年开始，国家先后出台了若干关于农村改革发展的文件，包括《中共中央、国务院关于推进社会主义新农村建设的若干意见》《国务院办公厅关于落实中共中央国务院关于推进社会主义新农村建设若干意见有关政策措施的通知》，等等。以上国家的法律规范与政策涵盖了农村经济、政治、文化等各方面的内容，为农村经济社会发展明确了方向，调整了农村社会关系，规范了农村基层组织与农民行为的准则，促进了农村经济社会的稳步发展。

从当前农村社会实际来看，农村社会的法律规范与政策仍存在许多缺陷和不足。一是许多法律规范有待进一步完善。由于我国农村地域广阔，各地情况千差万别，单一化的农村法律规范不能适应全局发展，需要因时、因地地制定符合农村发展的法律法规；同时随着经济社会的发展，我国农村社会正在经历着日新月异的变革，法律法规作为制度性的规范，不能适应农村变革的需要，具有模糊性、滞后性等特点，影响了法律规范的效力、作用的发挥。在新时期农村社区建设成为新的时代要求。在农村社区建设背景下，农村不再是固守在集体经济组织中的个体，农民开始出现分化与流动，居住在同一农村社区内的居民不再是单一的农村经济组织成员。面对这一现状，急需改变传统的《村委会组织法》，使其适应农村社区建设的相关要求。但是法律法规的修订与完善是一项系统、严谨的工程，不能及时与变化的社会现实相适应，使得新旧法律无从充分运作，发挥应有作用。二是许多法律法规有待进一步细化。国家法律法规的制定是从宏观的角度对形势的一种总体的把握，不可能具体到每一角落。在法律法规指导下的相关政策措施的滞后性导致法律法规的宏观性与农村社会面临的各种问题的微观性面临着一定的冲突。制定农村法律法规的同时一定注重相关政策措施的配套，使得法律法规与政策措施相辅相成，切实发挥规范行为、维护秩序的作用。三是法律法规的执行有待进一步强化。法律法规作用的发挥关键在于执行力度的大小。长期以来，我国农村居民受封建臣民与宗法思想的影响，对法律法规的认识存在“缺位”的现象；同时由于法律制度的不健全、不完善，特别是执法人员素质与能力的缺乏，导致在执法过程中出现“错位”的现象，以上“缺位”与“错位”现象影响了有法可依、有法必依的法律实施目标的实现。

（三）农村社会中的村规民约

关于“村规民约”，目前学术界没有统一的界定。“规”是指人们的行为准则。“约”是一种需要人们共同遵守相互协议规定和行为规范。“村规民约”是根据国家法律法规，为维护区域内的村民日常经营生产和日常生活秩序的需求而制定的公共规范。“村规民约”不是法律规范，是介于政府行政管理与村民自治之间的一种民间规范。良好的村规民约能够维护农民民主政治参与，维护农村社会秩序，约束村民个体行为，发扬农村优秀文化传统，实现农村民主管理、民主决策、民主监督。

“村规民约”的实施使农村的各项工作开始从无序状态走向有序，农民基本的政治、经济、社会、文化生活逐渐走上了制度化的轨道。“村规民约”实现了村民自我管理、自我约束、自我服务的目标，使广大村民经历了民主与法制的实践，促进村民法律意识与民主意识的培育与形成。“村规民约”是新型农村社会管理模式。在村规民约的框架下，村民能够参与村中各项事务的决策、对村干部进行监督，促进了农村民主政治的发展，促进了干群关系的和谐，维护了农村社会正常的生产生活和经营秩序。作为一种文明制度，“村规民约”是人类文明的重要组成部分，是文明祥和的农村社区建设目标的重要内容。

口镇政府在农村社会管理中充分发挥了“村规民约”在保证村民对村内重大事项有决策权、规范村干部与村民行为、协调村内各类社会关系，维护农村社会稳定中的作用。根据《贵安新区工业区村级管理规范》的相关规定，村庄内重大事项主要包括村经济和社会发展规划及年度计划，村庄（居民区）建设规划，“村民自治章程”和“村规民约”的修订，村集体经济项目的立项、承包方案。集体经济大额资金的使用，集体举债，集体资产处置，以及集体企业的改制方案等十项内容。

“村规民约”的修订是十项重大事项之一。《贵安新区工业区村级管理规范》规定各村进行“村规民约”的修订，必须要经过村民会议才能通过，保证了村民对重大事项的决策权。而村民会议的召开须有本村 18 周岁以上村民的过半数参加，或有本村三分之二以上户数的代表参加，才能举行，所做决定应当经到会人员的过半数通过。村民代表会议，出席会议的代表不得少于全体代表的四分之三，会议决定须经全体代表的过半数通过。修订完成的“村规民约”是村民行为的基本准则，任何村民个人无权更改。“村规民约”的修订与完善，规范了农村社会内部的行为准则，做到了有章可循。“村规民约”是一把双刃剑，既约束了村干部，也约束了普通村民的行为准则，有效地维护了农村社会秩序。但是，作为一种村民自发组织形成的村级规范，受到各种因素的影响，在其运行实施过程中存在一定的缺陷，影响了其功能的发挥。

“村规民约”中政治参与的缺位。“村规民约”的修订是全体村民的基本民主权利实现的具体体现，通过参与“村规民约”的修订，保证了村民参与村级事务的治理，是现代民主政治的内在要求。但是在现实中，“村规民约”的修订过程中存在村民政治参与缺失问题。“村规民约”的修订是一项系统工程，需要大量的人力物力，对村集体经济组织来讲是一项重要的社会负担。于是在“村规民约”的修订过程中出现了某种程度的投机主义。按照《村委会组织法》的规定，村规民约的修订有严格的程序，需要经过讨论稿、初稿、草稿、正式稿等多个程序，通过召开多个会议完成。但是目前在农村“村规民约”的修订中，农村基层组织简化了各种程序，剥夺了村民政治参与的权利，为“村规民约”作用的发挥制造了障碍。

“村规民约”中政治约束功能弱化。“村规民约”的制定是为了保护村民的正常生产、生活需要，维护村级管理的正常秩序。但是在“村规民约”的制定过程中，村民政治参与的缺失，弱化了“村规民约”对村民的约束功能。“村规民约”的实施措施主要依靠社会舆论、思想教育和道德感化的力量来实现。社会舆论、思想教育和道德感化是一种软力量，只能通过感化村民，使之变为村民的自觉行动，才能实现规范行为、维护社会秩序的目标。由于我国长期以来受小农经济的影响，农民的小农意识、自我意识浓厚，仅仅依靠农民自身的道德感化不能实现“村规民约”的约束目标，导致“村规民约”的约束力弱化。

“村规民约”中的执行程序不规范。“村规民约”是规范与约束村民基本行为的准则。“村规民约”制定的基本前提是在国家法律法规的指导下制定实施，不得与国家法律法规及政策相抵触。但是目前在农村“村规民约”的修订中，相当数量的“村规民约”与国家政策法律不一致。按照国家的相关政策，村民出现违法生育后，只要按照国家的相关政策交纳规定数额的社会抚养费之后，国家相关部门以及农村基层组织应当按照相关规定给予落户。但是在目前，口镇雍和园社区个别自然村内，根据其制定的“村规民约”，对出现违法生育的农户，无论何种情况，即使向国家交纳了社会抚养费，村组织仍然不予落户。在雍和园社区南街村的“村规民约”中明确规定，对本村内出现违法生育的农户一律不办理落户手续。根据以上情况，我们走访了雍和园社区部分村支部书记。

问：“你们村有无违法生育户？”

答：“有。”

问：“对于违法生育户你们采取的是什么措施？”

答：“对违法生育户一律取消各类评选先进的机会。对于违法生育的小孩一律不予落户。”

问：“对于违法生育的小孩不予落户是违反国家政策的，你知道吗？”

答：“知道。但这是我们村里的“村规民约”明确规定的，不是我一个人说了算。”

问：“你们为什么这么规定？”

答："因为计划生育工作实行一票否决，如果同意落户，就等于我村里出现违法生育，我村的各类先进就被取消。我们是多年的先进集体，不能因为这一点被取消。同时，即使村委会同意落户，还要经过村民代表会议通过。因为每落户一个小孩，就等于分割了全村村民的集体经济收益。老百姓从自身收益来看，也不同意落户。"

通过以上可以看出，"村规民约"中存在一定的缺陷，有的部分条例与国家法律法规相抵触，这种抵触违反了国家的法律法规，侵犯了村民的基本人身权利，违背了"村规民约"保障农民基本权利的精神。

二、农村社区社会关系现状

马克思认为，人是自然人和社会人的统一。人的本质是社会人，"人是一切社会关系的总和"。社会关系是一定社会中以个人为基点，以社会价值目标为指向，构成家庭、社会和国家的特定的相互联结方式。社会关系既是人们社会活动的基础和条件，又是人们社会活动的限定者。社会关系的形式往往反映着一个社会的本质规定，也反映着一个社会的走向和价值目标。乡村社会关系是农村研究的重点，是农村社会成员在广泛的交往中自发产生的。社会资本在规模较小的农村社区中更容易形成。农村社区社会关系本身就是一种社会资本，农村社区内部的各种关系、信任、规范及价值观念既是农村社区的基本要素，也是社会资本的重要内涵与形式。认清社会资本中的社会关系结构及性质对于研究我国农村内部的组织与运行，推动农村社区建设具有深刻意义。在改革开放的进程中，农村社会由"封闭社会"向"开放社会"转变，固化的农民开始流动，人与人之间交往的频率、广度和深度都增加，人们之间相互依赖的关系将会增强。但是在工业化、城镇化、市场化的进程中，农民传统的生产生活的组织方式被打破，农村社区内部原有的家庭、家族、邻里等社会资本发生变化，受到侵蚀。必须认真分析农村社区内部社会资本的各种变化，积极培育各类社会资本，增强村民之间信任的增加与关系的密切，减少交往之间的交易成本，化解各类冲突，促进社会资本存量的增加，实现社会资本的整合，促进农村社区建设持续发展。

家庭是社会的细胞，家庭是人类社会最基本的群体形式和制度形式，是人类社会中最基本最重要的群体。家庭是由婚姻、血缘关系所组建起来的基本社会组织，生产经营的经济功能和文化传承的社会功能是家庭的基本功能。家庭社会资本是家庭成员在长期生活中形成的相互交往、互惠合作的关系网络及维持这些关系网络的机制、信任等行为模式与理想信念。其价值主要表现在家庭内部关系网络对内部成员的价值和贡献，即充分发挥关系网络效能，通过发挥家庭内部资源的作用为家庭成员带来最大效益。

人口数量多少和家庭规模大小是衡量一个家庭实力的基本标准。在传统社会，在自给自足的小农经济下，独立、单个的农民个体不能抵抗封建地主的剥削与压迫，于是人们选择以血缘为基础、以地域为边界进行聚居式生活。在传统社会，家庭越大，显示着家庭的富裕程度、家庭的经济与文化功能越强大，家庭关系也比较复杂，在一个家庭之内同时存在亲子关系、祖孙关系、兄弟关系、夫妻关系、婆媳关系等。在新时期，随着农村经济的发展，农民出现分层与分化，农民的流动加速，农村中家庭资本出现一系列变化，传统家庭结构简单化，家庭规模小型化。由于家庭联产承包责任制的实行以及国家计划生育政策的影响，家庭规模逐渐缩小，以往十人或以上的大家庭已不多见，取而代之的是以三口或四口之家为主的家庭规模，家庭规模的缩小影响家庭各项功能的发挥。

从中华人民共和国成立开始，家庭规模小型化以后，农村家庭关系也相应简单化，家庭成员之间直接的共同生产生活关系变为相互提供经济支持和生产帮助等形式的间接关系。尽管农村社区内部家庭关系是主要的社会关系，是主要的社会支持网络，但是受到各种因素的影响，农村家庭的传统伦理关系受到极大的冲击。

随着市场经济的成熟与农村经济社会的变革，作为最大利益群体的农民的内部开始分层，农民由计划经济时期的单一层次向市场经济时期的多层次发展。当前把农民主要分为以下几个层次：农业劳动者阶层、农民工、雇工阶层、农村知识分子阶层、个体劳动者与个体工商户阶层、私营企业主阶层、乡镇企业管理者阶层、农村管理者阶层。农民的分层使得单纯以农业为主的农民已经不多见，农民职业的分化，传统的家庭生活模式被打破。农民更加注重的是家庭的经济功能，家庭在教化、文化传承中的功能被弱化，传统的道德与信任机制不再作为农民之间联系的主要纽带，取而代之的是经济关系与经济利益。在农民分层的影响下，农民的流动性越来越大，固定在一个区域内的家庭越来越少，农村中以老人与孩子为主体的留守家庭越来越多。在经济发展过程中，随着国家对社会控制的减弱，越来越多的青壮年走出去到城市打工生活，农村中以老人与孩子为主的留守家庭仅以生活与生存作为其基本功能，影响了家庭其他功能的发挥。

市场经济的发展，以契约与理性支配的经济模式深入农民的生活中，传统家庭内基于血缘关系的互助合作也被市场化与理性化所代替。在农村社区建设中，保持良好的农村社会资本，必须保持与建构良好的家庭关系。

三、积极构建农村社区资本整合机制

社会资本是社会制度、社会关系、社会文化有机的组合，实现农村社区建设中的资本整合，应当从以上三个层面切入，切实增强社会制度资本、社会关系资本以及社会文化资本的功效。因此，在农村社区建设中，必须解决社会制度资本、社会关系资本以及社会文化资本中存在的问题，合理设置各个体系的权责关系，规范各个层次的行为准则，整合各类社会力量，实现社会资本的整合效能的发挥。

（一）注重社会制度建设，重塑制度的规范作用

邓小平指出："制度问题更带有根本性、全局性、稳定性和长期性"。社会制度是社会公平正义的直接体现，要保证社会的正常运转与和谐发展，必须注重社会制度建设。"正义的主要问题是社会的基本结构，或准确地说，是社会主要制度分配基本权利和义务，决定由社会合作产生的利益之划分的方式。所谓主要制度，我的理解是政治结构和主要的经济和社会安排。"在农村社区建设中，我们必须充分认识社会制度在分配资源、协调矛盾、解决社会问题中的功能，使制度的规范作用得到切实发挥。

（二）完善国家正式制度体系，强化对农村社区的指导

长期以来，由于城乡二元体制，广大农民不仅在经济社会发展中被排除在工业化与城市化之外，在政治权利行使特别是在社会制度中也被排除在国家正规制度的保护之外，农民在某种程度上享有不平等的国民待遇问题，在整个社会中农民处于社会的底层，被边缘化。在城乡一体化建设进程中，必须加强农村社区的制度建设，不仅在经济上强化对农村农民的支持，同时在社会制度上强化对农民的倾斜，建立城乡一体化的制度体系。

城乡差距继续扩大问题要得以解决，必须从维护并保障农民法定的平等权利着手，全面构建城乡经济社会发展一体化的制度体系。贵安新区在实施统筹城乡发展战略时，特别注重城乡一体化的制度建设，制定了一系列的政策制度。一是稳定完善农村基本经济制度，建立严格规范的农村土地管理制度。为使农民享有更加完整的财产权利，贵安新区特别重视保护农民的土地，赋予农民更加充分而有保障的土

地权益，使农村土地不仅成为农民的生产和生活资料，而且成为农民平等参与工业化、城市化、发展现代农业的最可靠的资本和农民普遍拥有财产性收入的主要来源。二是完善农村支持保护制度，建立健全农村金融制度。贵安新区在城乡统筹发展进程中，不断扩大各种融资机会，改善发展条件，拓展发展空间，促进城乡公共资源均衡配置，生产要素自由流动，让农民拥有更加平等的发展权利。建立健全农业投入保障制度、农业补贴制度、农产品价格保护制度、农业生态环境保护制度等，构建农民在农业领域更加公平地享有二次分配的权利和制度，让农民拥有更加公平的分配权利，等等。三是建立促进城乡一体化制度，健全农村民主管理制度。贵安新区在统筹城乡发展中，积极促进实现城乡按相同比例选举人大代表，同时健全村民自治制度，加强农村法治建设，培养农村公益互助性社会组织，完善村民一事一议筹劳筹资办法，让农民拥有更加广泛的民主权利。

（三）加强村规民约的修订完善，提升村民自治水平

村规民约是全体村民实现政治参与的载体与平台，保障了农村居民的社会资源占有量。但是由于农村社会的经济社会发展程度、农村农民的文明程度长期落后于城市的发展程度与水平，导致已经制定的“村规民约”存在一定程度的缺陷。如有的出现与国家的法律法规相违背的情况，有的直接触犯了村民的基本权利，有的违背了社会发展的基本规律，等等。在城乡一体化条件下建设农村社区，必须注重“村规民约”的修订完善，提升村民的自治水平，促进社会的有效治理，提高农村社会资本的存量，实现社会资本整合。

农村“村规民约”的修订与完善必须坚持以国家的法律法规与基本政策为准绳。国家的法律法规是全体人民必须共同遵守的行为准则。“村规民约”是某一地域内村民在长期的生活中形成的具有一定规范作用的规约，它的基本内涵不属于国家正式法律法规的范畴。“村规民约”的修订与完善不得违背国家的法律法规。执行与监督是保证法律法规效能的标尺,同样也适用于“村规民约”。作为地方性的规约,“村规民约”与法律相比具有执行中的随意性、监督中的缺失性等特点，加之具体实施者是文化素质比较落后的村民，以上种种是“村规民约”的固有缺陷。在“村规民约”的执行过程中，一定要加强监督督查，保证执行的公平性。同时要注重“村规民约”执行的教育性。“村规民约”的执行是处理人民内部矛盾的一种手段，要通过耐心的思想教育，以理服人。这样，才能使“村规民约”起到自我教育、自我管理、自我鞭策的作用，提升广大村民的自治水平。

（四）注重社会关系建设，重塑关系的协调作用

社会关系是作为社会成员所拥有的社会资源的反映，是社会成员在社会生活中生存能力的反映。社会关系与社会资本之间是正向发展的关系，社会成员所拥有的社会关系越广阔，其所拥有的社会资本存量越大。家庭社会资本、家族社会资本、邻里社会资本是我国农村社会中的主要社会资本，也是我国农村社会关系最直接的表现。长期以来，我国农村社会网络主要通过血缘、地缘、姻亲、宗族、家族等网络进行沟通和互动。虽然经过改革开放几十年的发展，农村日益开放与流动，但是我国农村基于血缘、亲缘关系建立起来的农村社会关系网络仍然具有极大的能量。在农村社区建设中，必须发挥家庭、家族、邻里社会资本的作用，建立起密切的关系网络，促进社会和谐与稳定。

（五）培育家庭社会资本

家庭是婚姻、血缘共同体与地域共同体的结合，家庭主要承担生产经营的经济功能和文化传承的社会功能。家庭社会资本的价值主要表现在家庭内部关系网络对内部成员的价值和贡献上，即充分发挥关系网络效能，通过发挥家庭内部资源的作用为家庭成员带来最大效益。近年来，随着农村经济发展，农民出现分层与分化，农民的流动加速，导致家庭的规模逐渐变小，家庭成员之间的互信能力降低，农村中家庭资本的存量逐渐下降。要培育家庭资本，增加家庭资本的存量，一方面加强对农民的教育培训，提高农民在发展经济、文化等方面的素质能力，提高家庭的生活水平，为家庭资本培育提供物质基础；一方面积极利用改造传统文化、道德与习俗，加强家庭内部及家庭与家庭之间的合作，重塑建立在互惠与信任基础上的农村社会互帮互助机制，实现家庭资本的整合。

（六）培育家族社会资本

自古以来，家族组织在互助共济发展生产、维持人类的生存与繁衍以及农村经济社会生活中起到了正式组织所不能替代的功效。在古代与近代历史中，由于农业生产力水平低下，国家无力为农村居民在养老、救济等方面提供救助，家族组织充分利用其所掌握的社会资本，最大限度地为其所掌握与控制的居民提供服务，满足其基本生活需要。

在农村社区建设中，要积极培育家族资本，发挥家族社会资本在农村社区经济、

政治、社会发展中的重要作用。一是积极组织家族成员参与农村社区民主政治建设。家族组织是一个较为稳固的组织，凝聚力大，价值取向明显，成员相互信任度高，感召力强，鼓动性大。培育家族社会资本，就要积极发挥家族资本参与民主政治建设的作用，从家族组织中选出代表参与农村社区建设，发挥监督农村社会事务，表达家族群体利益诉求，促进民主发展的作用。二是建立健全以家族为基础的各类民间组织。在农村，以家族为主体衍生了若干其他组织（如红白理事会、老农协会等）。在农村社区建设中，应该建立健全相关农村组织及其制度，发挥农村组织在互相帮助、互相合作中的作用。在新时期，家族对农村社区发展的作用不仅没有减弱，还有加强的趋势。在农村社区建设中必须尊重事实，尊重农村传统文化，根据农村“聚族而居”的现状，合理利用、引导农村宗族，发挥其传统的互助共济精神，促进农村社区经济社会协调发展目标的实现。

第七章 城镇化进程中的社区建设与管理

第一节 社区建设与管理现状

一、 我国社区建设的历程

我国的社区建设从以关注城市基层特殊民政对象的社会福利为主要内容的“社区服务”开始。1986年，民政部第一次提出了在城市开展社区服务工作的要求。1987年9月，民政部在武汉市召开了部分城市社区服务座谈会，明确了社区服务的内容、任务。1989年9月，民政部在杭州召开了全国社区服务工作会议，总结、推广了全国各地开展社区服务的经验，形成了进一步开展这项工作的思路。自此，社区服务工作在全国城市推开。1991年，民政部在北京首次召开全国社区服务工作研讨会，与会者对社区服务的内涵和外延、地位和作用、组织和管理等为议题进行了深入的研讨，明确了社区服务的福利性质及其主要服务内容，即老年人服务、残疾人服务、优抚对象服务以及相关的便民利民服务等。1993年8月，党中央和国务院14个部委联合下发了《关于加快发展社区服务业的意见》，表明党中央、国务院已经把社区服务提上重要的议事日程。1995年12月，为加强对全国社区服务工作的宏观指导，推动社区服务向高标准、规范化方向发展，民政部制定了《全国社区服务示范城区标准》。1998年，民政部命名了46个“全国社区服务示范城区”。

随着经济体制改革的深入和社区服务工作的开展，社区工作的内容不断扩展，社区服务的概念已无法涵盖社区工作的全部内容。早在1991年5月，民政部就开始提出在城市基层调动社会各方面力量、共同开展“社区建设”的工作思路。同年7月，民政部向全国发出了《关于听取对“社区建设”思路的意见通知》，得到了各地积极的回应。1991至1992年间，三次全国性的社区建设理论研讨会先后召开。1992年，社区建设开始在一些地区进行实践；从20世纪90年代中叶起，社区建设开始在中国大陆部分大中城市展开。1996年，江泽民总书记做出了“大力加强城市社区建设、充分发挥街道办事处、居委会的作用”的指示。1998年，国务院政府体制改革方案确定在民政部基层政权建设司的基础上设立基层政权和社区建设司，并赋予它“指导社区管理工作，推动社区建设”的职能。1999年国家民政部正式启动了“全国社区建设实验区”工程，先后确定了北京市、上海市卢湾区、重庆市江北区、南京市鼓楼区、杭州市下城区、青岛市市南区和四方区、石家庄市长安区、海口市振东区、沈阳市沈河区、天津市河西区等26个城区为全国城市社区建设实验区。同时，有20多个省、自治区、直辖市确定了近100个省（市）级社区建设实验区。民政部提出的《全国社区建设实验区工作实施方案》（1999年1月）确定了社区建设总体要求 及基本原则，规定了社区建设工作的运行机制和组织、管理体制，并对社区建设的规划、组织及具体内容提出了要求。各社区建设实验区参照《全国社区建设实验区工作实施方案》，结合本地的实际情况提出各自的实施办法或意见。1999年8月，民政部在杭州召开了全国城市社区建设实验区工作座谈会，进一步确立了社区建设的工作目标。 2000年11月，民政部在《全国社区建设实验区工作实施方案》的基础上，汲取和总结了各实验区的实践经验，提出了《关于在全国推进城市社区建设的意见》（以下简称《意见》）。《意见》阐明了推进城市社区建设的意义，进一步明确了城市社区建设的指导思想、基本原则、主要目标及内容，并强调了地方各级党政领导及有关部门和单位在合力推进社区建设过程中的职责。中共中央办公厅、国务院办公厅转发了具有指导社区建设标志性意义的规范性文件《民政部关于在全国推进城市社区建设的意见》（中办发〔2000〕23号），标志着我国社区建设进入全面推进的阶段。

中央发出的社区建设的号召得到了全国各地、各级政府和部门的积极响应。中央各相关部门在中办发〔2000〕23号文件发布后也先后发布了与自己分管领域相关的、旨在合力支持社区建设的规范性文件；而地方各级政府根据中央有关社区建设的精神和指示又各自发布了旨在推进本地社区建设的具体实施意见。 2001年3月通过的《国民经济和社会发展第十个五年计划纲要》专节阐述了社区建设的发展目标和任务——“推进社区建设是新时期我国经济和社会发展的重要内容。要坚持政府指导与社会参与相结合，建立与社会主义市场经济相适应的社区管理体制和运行机制。加强社区组织建设和队伍建设……”。此后，社区建设被普遍纳入各地经济和社会发展规划，同时也成为考核各级党政领导干部政绩的一项重要内容。社区建设在中央及地方各级政府的高度重视和积极投入下在全国各地普遍开展起来，形成了以自上而下的行政动员方式推进的全国性运动。

为了更好地推动社区建设的开展，自2001年起，民政部着手构建社区建设的激励机制。2001年3月，民政部与中央文明办联合发出《关于做好推荐全国创建文明社区示范点工作的通知》，并于同年第三季度推出一批全国创建文明社区示范点。2001年5月，民政部发布了《全国社区建设示范城基本标准》；同年7月，民政部又发布了《全国城市社区建设示范活动指导纲要》，要求在全国开展城市社区建设示范活动。社区示范单位分全国和省（自治区、直辖市）两级，全国社区建设示范城的范围为县级以上的城市和市辖区，省级社区建设示范城的范围由省、自治区、直辖市自行确定。民政部负责制定全国社区建设示范市、区的标准；各省、自治区、直辖市参照民政部制定的标准制定本地区的示范标准。民政部负责验收全国社区建设示范市、区；省、自治区、直辖市负责验收省一级社区示范城；地市级负责验收示范街道；市辖区（县）负责验收示范社区。2002年3月，民政部发出了《关于做好推荐全国社区建设示范城工作的通知》。2006年7月，民政部在建设和谐社会的新形势下又推出了“建设和谐社区示范单位”的创建活动，社区建设被赋予了新的意义并形成了新的激励机制。随着2008年《全国和谐社区建设示范单位指导标准（试行）》（民发〔2008〕142号）的出台，和谐社区建设在全国各地推开。

在2006年党的十六届六中全会做出“积极开展农村社区建设”这一重大战略部署之前，我国的社区建设通常只限于城市社区。但实际上，以社区自治为内容的社区建设早在20世纪90年代初就在农村地区开始了。1990年，民政部发出了《关于在全国农村开展村民自治示范活动》的通知。截至2000年，全国开展村民自治模范的县（市、区）587个，模范乡镇14067个（占乡镇总数的32.3%），模范村26.6万个（占村委会总数的36.3%）。2003年，民政部与司法部联合下发了《关于进一步加强农村基层民主法制建设的意见》和《关于开展“民主法治示范村”创建活动的通知》，进一步推动了村民自治示范活动的开展。为建立推进村民自治工作的新机制，2004年中共中央办公厅、国务院办公厅联合下发了《关于健全和完善村务公开和民主管理制度的意见》（中办发〔2004〕17号）。在中央各有关部门的推动下，农村各地普遍建立了党委和政府统一领导、有关部门共同参与、民政部门组织协调的领导体制，初步形成了村党组织领导的村民自治机制。2006年2月，民政部下发了《关于在农村基层广泛开展志愿服务活动的意见》，以深化和加强农村村民自治。

2006年10月，党的十六届六中全会讨论通过的《关于建立社会主义和谐社会若干重要问题的决定》，完整科学地阐述了关于社区建设的方针政策。自此，社区建设开始在城乡统筹发展的大框架下进行。2007年，民政部下发了《全国农村社区建设实验县（市、区）工作实施方案》的通知，以摸索农村新社区建设的发展模式、工作思路，以及社区服务逐步向农村延伸的方法和途径，开始向农村拓展和谐社区建设。2007年，民政部确定全国农村社区建设实验县（市、区）296个；2008年，确定了全国农村社区建设实验县（市、区）304个（占全部县（市、区）的10%）。2009年3月，民政部下发了《关于开展“农村社区建设实验全覆盖”创建活动的通知》（民发〔2009〕27号），提出了农村社区实现“领导协调机制”“社区建设规划”“社区综合服务设施”“社区各项管理和服务”全覆盖的建设目标，并于同年3月命名了首批7个县（市、区）为“全国农村社区建设实验全覆盖示范单位”。

二、我国社区建设取得的成就

从1992年社区建设在一些地区进行实践起至今，社区建设在我国开展已有二十多年的历程。在致力于建立以社区为基础的城市社会管理框架的过程中，各地大胆创新，形成了具有地方特色的社区管理模式，如以政府为主导力量，街道为社区功能单位推动社区发展的“上海模式”，以建构社区民主自治框架体系为核心的“沈阳模式”，以调整政府与社区关系、着力构建社区自组织网络为特点的“江汉模式”，以不设街道办事处、社区管理委员会，直接在区级政府的指导下开展自治管理的“百步亭模式”，以社区服务为龙头的“青岛模式”，以实现居民自治为目标的“天津模式”等。

经过这二十多年来的建设，社区管理体制和服务体系从无到有建立起来。为了建立有效的社区管理体制，各地按有利于管理、有利于自治、有利于社区资源的合理利用、有利于提高工作效能的原则对原居委会、村委会管辖的范围进行了调整，基本形成了科学合理的社区区划，原本较为分散、规模较小的居（村）民组织被调整成人数较集中、资源较充分的社区组织。全国居委会的个数从2000年的10.8万个调整为2003年的7.7万个（此后，社区居委会的个数又略有上升，2011年为8.9

万个）。

各个新社区基本建立了以社区党组织为社区组织的领导核心、以社区自治组织（居民委员会、村民委员会）为主体、以社区社会组织和志愿者组织为基础的社区组织体系。城市社区党组织的覆盖率达到99.6%，社区党组织的领导核心地位得到强化；居民代表会议、协商议事会议制度普遍建立，社区居民参选率和直选率稳步上升；城市社区普遍成立了社区志愿组织；以民主选举、民主决策、民主管理、民主监督为主要内容的村民自治不断健全；社区志愿者队伍渐具规模，全国社区志愿者组织已经达到28.9万个，注册的社区志愿者达到3100万人。

以公共服务、商业服务、志愿互助服务为基本架构，服务主体多元、服务功能完善、服务质量较高的社区服务体系基本形成。社区服务设施得到不断的改进和完善，呈现出多层次、全方位、系列化和规范化的趋势；社区服务内涵得到不断拓展——从社会救助、社会保障、老年福利、综治警务、卫生计生、文体教育、就业服务到物业服务、家政服务、困难帮扶、心理咨询、改善邻里关系、环境美化等，基本覆盖社区全体成员各个不同层次的需求；社区服务的手段和形式日趋多元，社区服务的网络化、信息化日趋普遍，服务的社会化、产业化、专业化程度不断提高；社区志愿服务逐渐形成，社区志愿者已参与社区志愿服务活动超过5000万人次。

社区工作人员的素质有了明显提高。2006年7月，人事部、民政部联合颁发的《社会工作者职业水平评价暂行规定》和《助理社会工作师、社会工作师职业水平考试实施办法》以及2008年在全国首次举行的社会工作者职业资格水平考试，标志着我国已初步建立起了社会工作人才职业资格制度。截至2010年，通过助理社会工作师考试的共32687人；通过社会工作师考试的共11082人，两类合计43769人。社区居民委员会成员的文化结构和年龄结构有了明显改进，社区工作人员的专业化、年轻化程度得到不断提高。

社区建设保障机制基本建立。党委领导、政府负责、民政牵头、部门配合的城乡社区建设的组织领导体系在各地普遍建立；以财政投入为主的多方投入机制也基本形成（社区的办公用房和工作经费大都根据当地的经济社会发展水平依所管辖的人口或户数统一配备）；社区工作的各项规章制度不断健全；支持社区发展的各种社会组织得到较大发展。

总之，经过二十多年的社区建设，社区功能得到不断加强，社区环境得到不断优化。

第二节 社区建设与管理的问题

一、城市管理中社区建设体制不畅

第一，基层社区的功能定位不准。在法律中明确要求居委会进行自我服务、管理以及教育的管理方式。但是在落实当中出现了较大的偏差，居委会不再是一个自治的群众组织，而是成了政府的下属管理机构，通过经济上以及地方政府的限定性，居委会还不能行使其民主自治功能。

第二，社区内条块分离，职责不清。随着社区的发展，政府职能部门派驻延伸机构进驻社区，但我们的社区缺乏一个权威性的社区事务管理机构，它对社区事务实行全面监督、指导，但是目前的情况是社区组织牵头开展与居民密切相关的卫生，服务，治安等工作，而职能部门仅是参与、协助。而实际情况应该是社区去督促、检查职能部门的工作，现在却变成了职能部门来检查监督社区工作。

第三，社区管理的法制不健全。目前，社区建设的法制不健全，对管理权力缺乏监督和制约。其一，在社会管理中，一些具体的管理工作找不到法律依据。例如，对沿街乞讨、露宿街头的盲流人员的收容没有明确的法律规定。其二，监督的主客体错位。在社区建设时监督主体本应是居民，由居民来监督社区权力的使用，但事实却相反。例如，有的居民会因过分追求经济利益，不顾干扰居民日常生活的后果，在社区内允许或亲自进行违章搭建，这会进一步助长违章、违法行为。其三，监督运行方式单一。目前的监督方式主要是由上而下，自下而上的监督较少。其四，监督缺乏必要的协调。社区的各种监督组织因职权不明、协调不力、容易造成多方插手、互相推卸的现象。其五，监督制裁不利。监督组织没有仲裁权，或仲裁权力很小，平常只能给一些督促或是调解工作。其六，监督法规不健全、监督制度不健全，缺乏可操作性。总的来说，社区内由于监督机制不健全，保证不了社区权力的正确行使。

二、社区资源整合难度大

第一，由于过去我们在城市建设中没有将社区工作本身及社区服务所需的硬件设施纳入到统一规划和建设中，因此造成可供社区整合的硬件资源十分有限，相应的服务内容、服务方式及服务质量等软件建设也难以付诸实施。

第二，城市基层管理的事项和内容逐渐增多，但基层却没有相应的人、财、物资源的调配权，费用不能随着任务分配落到实处，责任重大权力轻，许多工作管不到位，只是忙着应付。

三、城市管理中的社区建设居民参与不足

第一，动员式执行性参与是目前社区居民参与的主要形式。动员式执行性参与是指社区居民在社区工作人员的劝说下参与（执行）社区管理机构业已形成决定的事项，如参加居委会组织的各类活动，召开会议听取居委会或街道有关本社区工作的通报、部署等。居民被动参与既不能对社区事务开展的具体项目进行决策，又不能对社区公共权力的运作进行监督，因而属于执行性参与。哪里的居委会组织得力，居民参与社区活动的频度就高，反之就低。当居民在社区的一些权益受到侵犯时，基本是向相关管理部门提出诉讼，或者是通过个人的特殊关系进行处理，一般利用居委会这一社区群众性自治组织的比例较低，这就充分说明居民在社区权力运作上的发言权是很少的。

第二，非政治性参与是目前社区居民参与的主要内容。非政治性是指从参与内容上讲，居民参与的社区事务大多与政治不沾边或关系不大。对社区居委会来说，政治性参与主要是指选举居委会和选举各级人大代表。居委会就是由居民代表或户代表投票选举，每三年选举一次，参与规模不大，广泛性也不是很强；选举各级人大代表也并非全体居民都能参加，那些在单位登记为选民的人员，则不参加本社区的选举。

第三，参与率低、参与机制不完善是目前社区居民参与存在的主要问题。被动式执行性参与造成居民参与率低、参与机制不完善的后果。因受被动式执行性参与形式的影响，社区居民能否有机会参与正式社区事务的关键在于是否得到了社区管理机构的邀请。那么受到邀请最多的当然是受社区工作人员重视的所谓“社区积极分子”，其次才是居民代表，普通居民很少有机会参与较正式的社区事务。站在居民的角度来讲，由于参与极少涉及社区公共权力事项的运作，因此居民对参与社区公共权力的价值和作用表示怀疑，也没有较高的热情去参与社区事务。由于社区对居民参与社区事务的事项缺乏一套详细规范、操作性强的程序或是规定作支撑，

因此具有较大的随意性，使得居民参与的机制很不完善，反过来又影响了居民的参与率。

主要原因：

1. 认识不高

（1）领导重视不够。尽管这些社区已具备社区的雏形，但在一些具体问题的处理上缺乏完善的理论指导，工作上仍没有积极创新的态度，对它们的建设和发展没有引起高度重视，社区工作运转艰难。

（2）居民的归属感不强。对社区的建设漠不关心，对居委会的工作支持不够。例如，社区的环境卫生急需加强，而我们居委会聘请专职保洁员又没有专项工作经费来完成此项工作，社区向居民收取卫生保洁费时，居民意见很大、合作意识较差。居民之间互相往来较少，缺乏互帮互助意识，也体现了居民那句老话："各人自扫门前雪，莫管他人瓦上霜。"

2. 投入不大

由于社区工作经费少，社区的基础设施建设缓慢。许多行政事务性工作安排到社区，社区只承接工作，却没有工作经费。

驻地单位支持不大，对社区关心少、支持少，共驻共建意识差。社区组建巡逻队使治安状况得到全面好转，但当居委会到驻地单位请求支持时，却被他们以种种理由搪塞和拒绝，由于没有工作经费，一些工作只能夭折。

3. 措施不力

（1）临时抱"佛脚"。有些新区政府成立时间短，各项工作的开展经验不足，属于边学边用，所以社区的建设和发展出现"头疼医头，脚疼医脚"的现象，既没有长远规划，又没有短期计划。

（2）行政事务多。社区成为街道的行政下属机构，穷于应付上级部门日常行政事务，根本没有时间及精力全面考虑社区的事情。

（3）社区自治性不强。社区居民的选举权、知情权、参与权、监督权没有得到全面落实，最终造成权责不分、局面混乱。

第三节 社区建设与管理措施

一、社区建设和城市管理要坚持以人为本

（一）致力于加强全民性教育

要把促进人的全面发展、提高居民的综合素质，作为开展文明社区建设活动的第一要务；要把贯彻落实《公民道德建设实施纲要》作为重要抓手，努力把公民思想道德教育覆盖到全区市民和外来流动人口中，深入开展“八荣八耻”教育，着力从人的基本行为习惯抓起，引导人们在日常生活中自觉遵守基本道德规范。在社区内开展学习型社区、学习型家庭、学习型城市创建活动，构建全民终身教育体系和学习体系，形成人人是学习之人、时时是学习之机、处处是学习之所的社会制度和氛围；让学习、学习、再学习及终身学习、全员学习等理念，成为每个市民的内在要求和生活工作的迫切需要，促进市民道德素质的提高。

所谓社区教育，是指基层社区组织或个人依靠社区力量，依托社区资源，对社区全体成员施以各种形式的教育，满足社区成员多层次的教育需求，提高社区成员的整体素质，推进社区两个文明建设协调发展的社会教育活动和过程。

深化教育改革，其根本目标在于推进素质教育。实施素质教育，不单纯是学校教育的任务，而应当贯穿于学校教育、家庭教育和社会教育等各个方面，建立起学校、家庭和社区三位一体的综合教育网络，才能形成最大的教育合力。其中，社区教育在为学校青少年提供社会实践基地、社会服务对象以及开发社区德育资源、培育社区德育环境，促进青少年社会化等方面发挥着不可替代的作用。同时，社区教育还是逐步建立终身学习体系的保障。提倡终身学习，实际上就是强调接受教育和训练的过程不应随着学校学习的结束而终结，而要贯穿于一个人生命的全过程。终身学习体系的构建，仅靠现有的学校教育体系是远远不够的，应充分利用社区资源优势，大力发展社区教育，使每个社区都成为可以进行学习的地方，才能建立起完善的终身学习体系。社区教育是经济和社会发展的产物，在我国已经经历了十多年的发展历程，走出了一条因地制宜、多样化发展的路子。其特点主要表现为教育对象覆盖

面广、教育内容丰富多彩、教育形式不拘一格。社区教育的对象不仅定位于全体居民，而且可以根据社区人口结构的不同、对教育需求的不同而有所侧重，将青少年、离退休老人、下岗待业人员作为重点教育对象。在社区教育搞得有声有色的地方，社区教育的内容涵盖极广，包括青少年社会实践教育、科学普及教育、特长教育、特殊家庭子女教育；成年人职业技能教育、各类知识补偿教育；老年人休闲教育、发展教育以及面向全体居民的社会公德教育、家庭美德教育等方方面面，基本能满足不同层次对象提高自身素质的需要。面向社区青少年的教育形式有：组建校外辅导员队伍，建立德育教育基地，定期组织寓教于乐活动、为民服务活动等。面向社区全体居民的教育形式有：以公共图书馆为阵地开展的读书活动，以讲课、座谈、咨询为形式的短期培训活动，以家长学校、市民学校、老年大学为载体的系统教育等。

推进社区全民性教育新模式，当前亟须认识到以下几点。

第一，转变观念是前提。这里尤其要克服认识上的三个误区：一是克服把教育看作是公益事业应该由政府统包统管的认识，忽视教育是一种特殊产业，也需要讲市场规律的观点；二是克服把教育片面理解为一种单纯的消费行为，忽视教育投资也能带来巨大收益的观点；三是克服发展社区高等教育可能会导致教学质量下降，忽视教育是提高整个国民素质的体系，而非塑造少数精英的体系的观点。

第二，改革现有的教育管理体制是重点。要改革计划经济体制下形成的、高度集权化与行政化、缺乏地方性与灵活性的办学体制，扩大地方特别是社区统筹管理本区域内各类教育资源的功能。通过改革、改组和改制，将社区内的高等专科学校、成人高校、职业大学等逐步调整为社区学院，由社区知名人士组成权威机构来管理学院。由此不仅可以解决那些规模偏小、生源不足、教师工作量不饱满、教学设备利用率不高的行业性院校的生存和发展问题，也能创造有利于社区居民终身学习的教育条件。要改革职业教育、成人教育、普通高等教育等各种办学形式自成体系、互不衔接的状况，建立不同类型教育相互沟通和衔接的新体制，为求学者提供多种多次受教育的机会。在这种新体制下，包括社区学院在内的不同类型学校的毕业生，经过一定的选拔程序，均可进入本科院校继续学习。要改革僵化的教学管理制度和学科专业设置过窄的弊端。社区教育要敢于打破常规，在教学管理制度上突出灵活性。诸如实行弹性的学习制度，放宽招生和入学的年龄，允许分阶段完成学业，允许以不同的方式（全时、半工半读）完成学业。在学科、专业和课程设置上突出广泛性和多样性。尽可能贴近社区建设的实际需要，开设门类齐全、实用性强的学科和专业领域，学生可以不拘泥于专业限制，自由地选择和转换专业。

第三，加强规范化管理是保证。各级政府要在深入社区调查研究的基础上，制定社区教育的发展规划，并将该规划纳入当地经济与社会发展规划，确保其实施。各基层社区为了保证社区教育的规划落在实处，必须建立健全共办社区教育的制度，明确社区内各企事业单位、各社会群体应承担的教育职责，将社区各方力量参与和兴办社区教育的积极性充分调动起来，真正做到挖掘潜力，开源节流，互通有无，资源共享，形成共办社区教育的合力。各级教育主管部门应加强对社区教育的监督和办学质量的检查，逐步建立一套比较完善的社区教育质量评估体系，也可以在教育主管部门的指导下，建立完全属于民间组织性质的、相对独立的大学评估机构，按照国家评估条件，对社区学院的办学条件及教学质量进行全方位评估，以保证社区教育的质量，促进社区教育朝着规范化、标准化方向发展。

（二）实施全过程管理

文明社区建设的重要基础是加强社区文明建设的管理工作。在进行建设时要求高标准、严要求，切实落实到人们工作学习的全方位，落实到生产、生活的全过程；要在提高城市执法管理水平上下功夫，建立环境卫生、交通秩序、城区绿化等内容的长效管理机制，在重点、难点问题上寻求突破口；要在美化人居环境上做文章，大力开展环境专项整治活动。加强管理要以依法治理为依托，采取法律手段与行政手段相结合，综合管理与部门管理相结合，专业管理与群众管理相结合，日常管理与集中管理相结合等办法。要充分发挥新区、社区的职能作用和全社会参与的监督管理作用。

（三）推进全方位创建

要根据社区的不同特点，对不同类型的社区实行分类指导，通过抓重点、打基础、创特色、树典型，切实抓好对社区相关工作的执行，比如党组织建设、社区治安管理、社区活动开展以及医疗教育等相关工作。通过加强创建文明社区建设，提高社区服务的公众形象，增强社区的管理能力。社区建设除了要发挥政府的主导作用，还要引入市场机制，利用经济规律推进社区建设，走市场化道路是社区建设的必然趋势、有以下几点值得我们关注和研究。

第一，社区管理应走市场化道路。社区建设是我国城市社会经济发展到一定阶段的产物，是社会主义市场经济的必然要求。一方面，随着我国城市数量的不断增加和城市化进程的加快，城市的基础设施虽然日趋完善，但城市的管理和服务尤其是城市基层社会管理与服务相当薄弱，不相配套，要求建立新的社区管理模式。另一方面，随着国有企业深化改革、转换经营机制和政府机构改革、转变职能，企事业单位剥离的社会职能和政府转移出来的服务职能，交给城市社区承担，客观上要求建立一个独立于企事业单位之外的以社区为依托的社会保障体系和社会化服务体系。从这个意义上看，社区建设是社会主义市场经济体制的配套工程。因此，社区建设不能走老路，搞新瓶装老酒，换汤不换药。社区的管理体制和运行机制要走市场化道路，向产业化方向发展，要与社会主义市场体制相适应。

第二，发展社区经济，培植新的经济增长点。社区建设不仅是城市基层政权建设工作新的突破口，也将成为我国国民经济持续健康发展的新的经济增长点。推进社区建设，发展社区经济是新形势赋予社区建设的历史使命。随着街道居民委员会管理体制向社区转变，现在的街道经济将向社区经济转型。目前，我国街道经济在城市经济和社会发展中起着积极的作用，但也存在产权模糊、体制不顺、管理薄弱、人才匮乏等弊端。我们要通过对现在街道经济进行改革，促进街道经济向社区经济转型，使之成为我国国民新的经济增长点。

第三，以经济手段和市场机制推动社区服务走实体化和产业化的发展道路。社区服务包括的内容很多，归纳起来主要有以下四个方面：一是开展面向老年人、儿童、残疾人、社会贫困户、优抚对象的社会救助和福利服务；二是面向社会公民的便民服务；三是面向社区单位的社会化服务；四是面向下岗职工的再就业服务和社会保障社会化服务。随着社区建设的深入和发展，社区服务的内容也会发生变化。

二、加强城市管理，推进社区建设

（一）管理重心向社区管理转移

在进行新型社区的建设时，要充分考虑社区的职能管理，区政府要求社区担负起一定的职能工作，增加社区的管理权力，其实质内容是，区政府向社区进行限制性权力转移。通过权利的转移能够增加社区的管理工作任务，打破了传统的街道办的行政管理体系，能够充分解决有权不干事的弊端，避免权力与工作内容的不配套，实现权限与工作内容的统一。通过政府的权力下放，有利于发挥相关职能部门的重要作用，可以采用完善法治建设，确保实现依法管理的行政方式。在进行权力任务下放社区的过程中，要严格遵守相关法律，并且使权力与任务相协调，确保社区权力能够落实，力争管事管人协调发展；确保社区经费来源，明确经费及其他费用的相关标准；另外，为了防止在管理出现问题时，各个机构相互推诿，实行放权与分权相互协调实行的基本政策。要求政府机构在进行权力下放的时候，还要进行一些职能的分离，分清单位处理问题时的主次责任，增加部门工作的责任感。

（二）建立新型的管理模式

社区机构需要以专业管理为基础的具体职能管理，以综合管理为主要管理手段的区域性管理方式。专业管理是综合管理的具体形式，比如公安机关、园林部门、环境卫生保护机构等组织遵照一定的法律手段，通过相应的管理方法对其管理范围内的问题进行协调管理。综合管理社区的主要方式是检查监督、组织协调等。社会经济的不断发展，体制改革也在不断地深化，社区的管理功能日趋完善，其综合处理问题的能力越来越强，在处理一些问题时，常常涉及多个部门，因此加强部门间的综合性管理有利于增加社区管理处理问题的能力。通常的管理程序是，综合管理为主导，完成具体问题的协调组织情况，并对问题的处理步骤进行监督。进行管理的发展方向是综合管理为主，具体问题交由专业部门进行具体处理，但是综合管理享有监督管理权。在新型社区不断建立的形势下，对社区管理赋予更多的管理任务和权利成为一种主要的发展趋势，目前新型社区的主要管理组织体系是居委会进行协调，社区服务管理为核心，综合小区内的一些驻设机构为主专业管理，逐渐地形成综合管理的组织协调带头人，专业管理、具体处理对应的各项任务的管理模式。

三、加强社区建设与城市管理中的居民参与

（一）居民利益社区化

当居民感到社区与他的利益息息相关、参与能够有效维护其利益时，自然就会萌生参与社区事务的动机与期望。居民利益社区化就是要强化居民与社区之间的利益关系，使居民在利益关系的基础上产生参与社区事务的愿望。社区建设本身就是居民利益社区化的重要表征。社会关系尽管是多种多样的，但最普遍、最基本的还是利益关系。所谓利益关系，就是人们在物质利益、政治利益和精神文化利益的分配和占有上所形成的关系。在社会转型期，随着城市化的快速推进、单位制的全面瓦解和住房商品化程度的普遍提高，城市社区的各类利益主体的关系格局发生了明

显的变化，其中最关键的变化就是利益分化，也就是社区居民、社区组织、驻区单位和政府等各类社区主体之间的利益格局重新调整的过程。作为社区利益分化的直接表现和必然结果，居民利益社区化现象值得我们重视和探讨。

社区是一个区域性的利益共同体，社区居民以地缘关系为基础形成一个利益共同体，相互帮助和共同发展。社区居民的共同利益建立在房屋等不动产的财产权利和地方居民的人身权利等基础上，带有明显的地域性特征。社区居民因为在社区内享有某处物业的产权，同时作为地方社会的一员，享有作为该社区的业主和居民的各项财产权利和人身权利。在传统的单位体制下，不仅居民的房屋等不动产属于单位和国家，而且居民的人身自由和权利的行使也受到单位和国家的高度控制。随着市场经济体制的逐步完善和发展，单位体制在逐渐衰落，住房商品化程度在不断提高，游离于单位之外的居民大量增加，广大居民在社区内拥有自己的物业产权，越来越多的离退休老人、失业下岗人员和外来流动人员生活居住在社区。因此，社区物业管理水平的高低，治安卫生状况的好坏，福利服务项目的多少等均涉及居民的切身利益，居民与社区之间的利益关联越来越紧密。这种居民与社区之间的利益关联越来越紧密的现象和趋势就是居民利益社区化，其最终结果就是社区利益共同体的建立。具体来说，居民利益社区化有以下几个主要原因：①住房商品化。随着住房商品化程度的不断提高，越来越多的城市居民成为房屋的产权所有者。因此，无论是在新建商品房住宅小区，还是在老旧城区的街坊社区或单位大院，社区绿化、环保、治安、保洁和房屋修缮等物业管理工作都已经成为关系到居民切身利益的头等大事，业主对自己的利益和社区的公共事务更加关心和主动积极地参与。业主之所以关心社区公共事务，积极地参与各种活动，正在于他们的利益第一次与其居住的社区紧密结合起来，业主们也第一次真正将社区看作自己要努力爱护的家园。除了物业管理外，居民生活也越来越社区化了。社区作为居民的社会生活共同体，为居民提供了公共生活的空间、场地和设施，便利的社区服务，健康的社区文化，良好的社区教育和人际关系网络等。另外，作为居民参与基层民主政治生活的重要载体和途径，社区也越来越成为广大居民参政议政和民主自治的单位，成为居委会、业委会和各种非营利组织等社区组织相互作用和共同行动的场域。各种各样的社会服务正在以社区服务的形式进入到居民社区，如社区医院、社区学院、社区银行、社区科技、社区体育和社区法律等。②福利社会化。按照福利多元主义的改革思路，我国推行的是福利社会化的改革模式。福利社会化反对国家包揽福利，主张以多元化方法来解决社会福利问题，建立以家庭为基础、以社区为依托、以福利机构为补充的社会福利发展模式。这种多元福利发展模式的一个重要内容是福利社区化。目前，福利社区化已成为社会福利制度发展最新的趋势，其重点是为弱势人群和优抚对象提供福利服务，如离退休金和最低生活保障金的审核发放，下岗职工的培训和就业，残疾人的生活照料和社会救助等。

（二）社区自治制度化

社区参与自治的最佳方法当然是居民自治，它是社区建设的基础。因此，推进社区建设的目的是为了加强社区自治，培养居民自己的组织能力，使居民真正意义上实现自我教育、自我服务和自我管理。加强社区自治就必须使社区自治制度化，加强法治建设，尽快制定区级社区居委会选举办法和社区居民代表会议议事制度等，使居民参与社区活动有法可依、有章可行。另外，推行区务公开，社区事务的处理必须在阳光下进行，决策情况、实施情况、存在问题等都要主动及时地向居民公布，便于居民实施民主监督。

社区公共参与和调动社区居民的参与积极性是当代中国社区发展的基石，其实现有赖于社区体制创新和一大批有理想并具有权责意识的现代公民。随着社区自治的进一步发展，特别是2000年以来社区治理的体制创新，如居委会和业主委员会由社区居民直选，社区居民不仅在参与社区服务层面，而且在自治管理，维权和参与社区决策的层面得到明显提高。在这里我们可以将20世纪80年代的社区参与和2000年以来的社区参与做一个比较。20世纪80年代社区发展是围绕着社区服务展开的，它表现如下：①社区居民是服务项目的受益者，但很少提及参与社区事务的决策问题。②社区中纵向组织具有主导影响，如居委会是“政府的腿”，这是广泛接受的理念。③社区参与表现出一种自上而下的状态。参与的取向，也即国家动员型，参与活动主要是由政府来推动。而2000年以来的社区则在体制创新和社区直选的推动下，出现了以下变化：①在社区自治的推进过程中，居民更多地希望参与社区事务的决策过程。②社区横向组织的发展，如业主委员会、中介服务组织和非营利组织开始进入社区。③在社区体制创新的过程中，出现了强调参与规则和制度化的公共参与的趋势，社区居民自下而上地主动参与、维权意识和自我管理技能开始增强。这一点在新型社区表现得更为明显。对于上述城市社区参与从内容到体制创新层面的变化，如果用一句话来概括，就是公民性的参与开始成为流行话语。从目前调查的数据来看，趋势已经看得很清楚了。2005年初在北京6个社区的调查数据表明，大多数社区居民表示了对社区治理和决策过程的关心。在“很想了解社区各种事务决策的过程”的问题上，有72.5%的居民表示了赞同；“在希望在社区事务的决策过程中发表自己的意见”问题上有高达81.1%的居民表示了赞同。此外，超过半数以上的居民认为社区参与是一项重要的公民权利，其比率在平房、单位和商品楼社区分别为60%、53.7%和66.7%。

另外，谈到中国的社区参与，一个经常使人感到困惑的现象是，一方面不少文献谈到中国社区居民参与的积极性不高，而在另一方面，中国的社区参与在某些层面又能够显现出极高的积极性。例如，北京市北新桥街道九道湾社区直选，参选率高达95%。这与发达国家50%～60%的参选率相比也是令人惊叹的。又如“非典”时期那种举国一致的动员力，你能说中国社区居民参与积极性不高吗？很明显，在评价中国社区居民的参与积极性时，需要对参与的类型、参与的制度化取向以及参与的体制等方面做进一步分析。笼统地说高或低是远远不够的。经过对贵安新区的调查，我们可以对社区制度化的构建进行重点强调。

一是进一步发展自下而上的参与和体制创新，增强社区居民自己设计和参与的能力。随着维权和自主意识的增强，社区居民自下而上参与的意识明显增长，除了前面提到的对参与决策的关注外，一个共同的趋势是无论新老社区，都有84.5%以上的人对“社区生活要尊重居民的自主选择”表示了赞同。显然在社区居民中那种追求行政化的倾向需要大大减少，更不用说追求政绩的东西了。

二是构建制度化的参与机制。调查表明，商品楼社区对运用制度的话语进行管理给予了高度的重视。正像一个业主委员会成员在其参与制度设计的理念所说的：其目的是使管理委员会的工作不是建立在对个人的服从上面，而是建立在全体业主通过制度对管委会工作的了解和监督上。

三是在不同类型的社区，参与活动的组织策略需要注意其多样性。在调查中，我们已经看到社区结构的变化对参与方式有着重要影响。随着“单位型”社区的功能弱化，社会组织日益复杂，人口流动加剧，越来越多的人开始从“单位人”转向“社会人”。他们其中有很多受过大学以上的教育，有着较好的收入，享有住房的产权，并和物业公司在社区活动中发生了许多契约层面的交往，他们对维护自身的业主权利，对于制度化的社区参与表现了前所未有的关注。

（三）居民参与组织化

组织化参与是指居民通过一定的组织参与社区活动。城市居民有一个共同特点那就是互相陌生不来往，由于工作单位不一样，尽管生活在同一个社区彼此却大都不认识。这种陌生的人文环境弱化了居民的社区归属感和参与冲动。所以必须想方设法提高居民的自我组织能力，使居民之间很快熟悉起来，让他们对社区有一种家的参与感觉。改革开放以来的市场化改革不仅给人们带来经济繁荣和物质财富增加，同时也引起了整个社会史无前例的结构性变迁：传统的社会整合管理体制——“单位制”逐渐解体，大量原本隶属于单位的人群开始回归社区。从原初和理想意义上说，社区应该是一个基于情谊与合作、使人产生认同和归属感的共同体组织。然而，现代性的急剧扩张和极端发展造就一个日益分化和疏离的现代城市社会，随着单位制的解体，城市居民呈现出明显的去组织化、碎片化和原子化的个人特征。尽管社区建设和社区公共服务的供给取得了很大的成绩，但改革寄望的以居住区为基础的社区组织制度建设、使城市居民有所依归，从而“推动社区居民参与社区自治、改善社区治理、重建基层民主的目标，却难说有了实质性的进展”。积极有效的居民参与无疑是形成社区治理的关键，我国社区建设的实际效果与理论预设的差距，主要症结则在于居民社区参与的不足与参与的表层化。当社区建设频繁地通过政治仪式达到政治宣传效果时，居民却仍然处于被动员、被命令的状态。这也在很大程度上限制了居民社区参与的效果，进而削弱了居民社区参与的积极性，导致恶性循环。

对于居民参与组织化的正确方式，我们总结了以下几点：

第一，建构组织化平台运作的环境支撑。社区治理既处于国家的宏观环境之下，又处于特定的情境之中，从贵安新区实践来看，组织化平台的运作及其作用的发挥主要得益于以下三个因素或条件：一是单位制解体后，社会结构日趋开放，社区承接的职能增多，这为社区的自主发展提供了广阔空间；二是市场经济改革使个体拥有一定的私人财产和独立的个体意识，一定程度上提高了社区居民参与社区事务的积极性，也为组织的运作提供了民众基础；三是社区各种文体类社团组织的发展及社区内的楼栋长、居民小组长系统为居民的组织化提供了经验和技术支撑，社区精英广泛的组织化活动也为其带来相应的公共地位和政府、居民的认可。管理小组的建构也揭示了一个自下而上的自发的公民社会的构建过程。社区民间组织产生于社区，服务于社区，同时它在行动过程中积极与国家保持着互动，对国家的政策产生了一定影响。在它的行动过程中可以吸收更多的社区居民参与进来，培养他们的主动参与精神和公民意识，从而完成从“居民”角色到“公民”角色的转变。

第二、强化社区精英在居民组织化参与中的引领作用。在居民参与不足的情况下，通过精英引领不失为一条拓展居民社区参与的道路。社区精英所具有的丰富社会资源、较强的社区公共意识、参与社区决策的知识文化背景及社区中较高威望等“卓越性”特征，构成了其在居民社区参与中发挥带头、引领作用的重要前提。在社区的公共空间中，社区精英同时与街道居委会和社区居民发生联系，很大程度上代表着社区居民的利益；能够深入把握社区居民的真实需求，广泛收集民众意见并通过一定社区组织与相关部门单位进行协商以求问题的解决；普通居民在看到精英对社区事务的积极参与和无私奉献后，将会反思自身，进而认识到自身所担负的责任，并积极投入到社区的建设和发展中。

第三，确立实现协商民主与居民社区参与契合的议事规则。贵安新区某社区在运作中一直保持着协商议事的传统，并逐步建立了由各方共同参与的社区协商议事机制——通过在由街道居委会代表、社区精英群体、物业公司代表等共同参加的议事会上进行相互讨论沟通，最终形成一致意见来推动社区事务的解决。社区协商议事会遵循平等、理性与合法的程序规则，保证了参与各方在形式和实质上的平等，有力地促进了居民社区参与的实现，并激发了多方主体参与社区治理的活力，逐步形成了社区居民、社区组织、驻区单位、街道、居委会、物业公司、业委会等主体协商参与社区公共事务的多元互动治理结构。

总之，在现代社会，政府并不能完全代表所有公民的利益，需要发展各种社区组织来代表和表达各个阶层和利益群体的利益及主张。社区组织对社会秩序的调节是政府调节的有益补充，使国家与和个人（公民）之间形成了一个中介领域。他们之间的博弈和妥协有利于平衡和缓解社会震荡，有利于形成社会各阶层和群体都能接受的均衡利益。社区建设的真正价值就在于利用社区组织，动员居民广泛参与，通过居民的集体行动解决共同面临的社区问题。在单位制解体、居民之间的利益关联日趋微弱的情况下，通过社区共同面对的难题来寻求居民组织化的原动力。在操作过程中，把传统体制的遗产——服从整体利益和国家利益的取向，与市场经济体制下衍生的关心个体利益取向有效融合起来，进而实现政府自上而下的需求与社会自下而上的需求之间的对接，即政治性动员与经济性契约的统一，从而促进居民参与的拓展和社区治理绩效的改善。

参考文献

[1] 张光伟 . 快速城镇化进程中的社区缺失与建设研究——以曲靖市社区法律服务为个案研究 [J]. 法制与社会，2016，11（25）：183–184.

[2] 张亚 . 推进农村社区建设的对策研究 [D]. 长沙：湖南师范大学，2016.

[3] 郭杰丹 . 地理资源禀赋与城镇化建设研究 [D]. 长春：吉林大学，2016.

[4] 谢洁芬 . 高校学生文化社区建设现状述评 [J]. 教书育人（高教论坛），2016，22（9）：12–14.

[5] 周庆智 . 城镇化建设与基层治理体制转型——基于中西部城镇化建设的实证分析 [J]. 政治学研究，2015，12（5）：55–66.

[6] 彭永樟 . 我国城镇化建设与产业结构升级协同发展的机制研究 [D]. 南昌：江西财经大学，2015.

[7] 张彦琰 . 基于互联网的社区管理创新研究 [D]. 南宁：广西大学，2015.

[8] 刘长江，郝芳 . 不对称社会困境中的决策：行为的双重模式 [J]. 心理科学进展，2015，12（01）：1–10.

[9] 王兰英，杨帆 . 创新驱动发展战略与中国的未来城镇化建设 [J]. 中国人口 . 资源与环境，2014，12（9）：163–169.

[10] 储水江，徐旭 . 国内外城市社区建设与管理的经验及其启示 [J]. 芜湖职业技术学院学报，2014，22（2）：41–46.

[11] 韩卒梅 . 我国金融服务新型城镇化建设研究 [D]. 成都：西南财经大学，2014.

[12] 刘花 . 我国社区管理网格化模式研究 [D]. 南京：南京师范大学，2014.

[13] 蔡忠元，王路，陈婷，等 . 社区居民健康传播渠道接触缺失原因分析 [J]. 中国初级卫生保健，2013，15（11）：54–56.

[14] 戴春梅 . 社会组织参与社区管理问题研究 [D]. 厦门：厦门大学，2013.

[15] 王伟 . 新型农村社区建设及管理服务创新问题研究 [D]. 济南：山东大学，2013.

[16] 邱俊杰，邱兆祥 . 新型城镇化建设中的金融困境及其突破 [J]. 理论探索，2013，11（4）：82–86.

[17] 张文静 . 农村社区建设进程中农民主体性缺失与建构研究 [D]. 武汉：华中师范大学，2013.

[18] 牟成文 . 新农村建设背景下农民主体性建构的几点思考 [J]. 江西师范大学学报（哲学社会科学版），2013，11（2）：30–35.

[19] 李倩 . 我国非政府组织参与城市社区公共服务的问题及对策研究 [D]. 长春：吉林大学，2013.

[20] 邓萍萍 . 社区管理模式创新研究 [D]. 长春：吉林大学，2013.

[21] 杨玲 . 社区护理缺陷分析及对策思考 [J]. 江苏卫生事业管理，2011，11（6）：160–161.

[22] 程三娟，李继红 . 加强城市社区基本设施建设 [N]. 云南日报，2011–11–23（003）.

[23] 曲寿巍 . 城市社区建设与管理模式研究 [D]. 大连：大连理工大学，2001.

[24] 李飞，李烨 . 新农村建设中农民主体性的缺失 [J]. 河北理工大学学报（社会科学版），2011，22（4）：20–22.

[25] 李霄 . 城市社区组织化参与研究 [D]. 苏州：苏州大学，2011.

[26] 刘海霞 . 西部城镇化建设的困境与出路 [J]. 特区经济，2010，11（10）：207–208.

[27] 孙彬 . 当前我国农村社区建设问题研究 [D]. 济南：山东师范大学，2010.

[28] 易国锋 . 农村社区建设问题的研究述评 [J]. 理论与改革，2010，13（3）：154–156.

[29] 何慧丽 . 城市绿色生态住宅小区建设与评价研究 [D]. 西安：西安建筑科技大学，2010.

[30] 霍连明 . 多元管理：我国社区管理模式的必然选择 [J]. 河南师范大学学报（哲学社会科学版），2010，22（2）：136–138.

[31] 刘社霞 . 我国社区居民自治的缺陷、成因与对策探讨 [J]. 经营管理者，2010，12（5）：129.

[32] 向德平，李光勇 . 城市社区建设中社会资本的缺失与重构——以东部 D 市为例 [J]. 兰州学刊，2010，13（2）：108–111.

[33] 王建业 . 新型农村社区建设与土地管理若干问题初探 [J]. 山东国土资源，2010，11（2）：40–42.

[34] 王芳 . 学校服务社区的功能缺失与对策 [D]. 长春：吉林大学，2009.

[35] 王斐 . 关于新型社区社会资本缺失及建构的研究 [D]. 南京：南京理工大学，2009.

[36] 黄琳，罗伟，武正雄 . 论农民主体性的构建 [J]. 中州大学学报，2009，12（2）：1–4.

[37] 潘旭东 . 新余市社区建设现状及对策研究 [D]. 合肥：合肥工业大学，2008.

[38] 宋国晶，陈小慧 . 建构新型农民主体性的路径探析 [J]. 中共济南市委党校学报，2008（3）：98–99.

[39] 郑昕 . 社区商业整体规划缺失引发的问题和对策 [J]. 特区经济，2007，12（11）：230–231.

[40] 孙夏，叶序友，陈纪国 . 城市社区建设与管理工作的探索 [J]. 科技通报，2007，15（6）：920–925.

[41] 薛玮 . 我国社区建设与管理之探索 [C]//“构建和谐社会与深化行政管理体制改革”研讨会暨中国行政管理学会 2007 年年会论文集 . 北京：中国行政管理学会，2007：5.

[42] 孙璐 . 缺失与重建：中国城市社区社会资本探析 [J]. 理论导刊，2007，22（5）：43–45.

[43] 刘君 . 农村社区建设问题研究 [D]. 成都：四川大学，2007.

[44] 邹德海 . 把社区化作为农村基本建设的永恒目标——农村社区化建设问题研究 [C]//. 2006 中国科协年会第三分会场论文集 . 北京：中国科协年会（分 3）组委会，2006：4.

[45] 孙九霞，保继刚 . 从缺失到凸显：社区参与旅游发展研究脉络 [J]. 旅游学刊，2006，15（7）：63–68.

[46] 黄燕 . 我国城市社区管理模式研究 [D]. 成都：电子科技大学，2006.

[47] 李彩香 . 广东把建立社区档案室列为社区基本建设内容 [N]. 中国档案报，2005–12–19（001）.

[48] 汤晋苏，余坤明，刘义强，等 . 建设和谐社区的基本对策 [J]. 中国民政，2005（08）：24–26.

[49] 封伟强 . 城镇化建设对我国房地产业发展的影响研究 [D]. 长春：吉林大学，2005.

[50] 黄安永，孔海峰 . 社区建设与物业管理相融性的理论探索 [J]. 东南大学学报（哲学社会科学版），2012，23（4）：40–43.

[51] 王东海 . 主体性 · 主体间性 · 交往实践 [D]. 湘潭：湘潭大学，2002.